MANIFIESTA 24/7
Guía práctica de cabecera para manifestar sin límites

Autora: Teanna Corvo
📷 *@teannacorvo1414*
♪ *@teannacorvo1414*
▶ ● *Perspectiva Podcast*

Editora en jefe: Andrea Vivas Ross
Directora de arte: Raquel Colmenares Ross
Diseño gráfico y maquetación: Raquel Colmenares Ross
Correción de texto: Andrea Vivas Ross
Asistencia de corrección: Ana Karina Monrro

Casa Editorial: Paquidermo Libros
@paquidermolibros
paquidermolibros@gmail.com

Primera edición: junio, 2024.
Miami, EE.UU.
Reservados todos los derechos. Prohibida la reproducción parcial o total de la obra sin permiso escrito del autor y la editorial.

ISBN: 979-8-218-44443-3

MANIFIESTA 24/7

TEANNA CORVO

ÍNDICE

QUÉ ESPERAR DE ESTE LIBRO	**9**
INTRODUCCIÓN	**11**

CAP. 1
¿LISTO PARA CREAR TU PROPIA REALIDAD? — **14**

CAP. 2
MI HISTORIA: MANIFESTAR INCONSCIENTEMENTE — **24**

   Cómo manifesté todo esto — 36

CAP. 3
¿QUIÉN ERES Y QUÉ QUIERES? — **40**

CAP. 4
HERRAMIENTAS PARA CONECTAR CONTIGO — **46**

   Journaling (escritura constante y consciente) — 47
   Meditación — 51
   Tipos de meditación — 60
   La meditación y el cerebro — 65

CAP. 5
LAS EMOCIONES — **74**

   Las emociones como guía — 76
   Las emociones a la hora de manifestar — 78
   Tabla de emociones y su vibración — 82

Cómo elevar tu vibración	100
Ejercicio para usar las emociones como guía	101

CAP. 6
CREENCIAS Y AFIRMACIONES — **106**

Ejercicio para cambiar creencias limitantes — 111

CAP. 7
TIPS PARA REENTRENAR EL INCONSCIENTE (Y ATRAER COSAS POSITIVAS) — **122**

CAP. 8
ACTUAR POR AMOR, NO POR MIEDO — **128**

CAP. 9
MANIFESTAR — **140**

CAP. 10
OCHO PASOS PARA MANIFESTAR — **152**

Opcional: *Vision Board* — 160

CAP. 11
EPÍLOGO: TODO EL UNIVERSO ESTÁ CONSPIRANDO PARA QUE ESTÉS AQUÍ, EN ESTE INSTANTE — **164**

REFERENCIAS Y BIBLIOGRAFÍA — **168**

NOTAS: USA ESTE ESPACIO PARA TUS ANOTACIONES — **171**

TÚ ESCRIBISTE ESTE LIBRO

Todo lo que tengo fue deseado, incluso sin darle importancia. Hoy estoy haciendo algo que soñaba, pero no creía posible. Estoy en Bali, Indonesia, sentada frente al mar, agradeciendo cada instante, sabiendo que soy la infinita creadora de mi realidad, capaz de manifestar conscientemente todo lo que me atreva a pensar y sentir.
Si millones de personas lo han hecho, incluyéndome, **tú también puedes.**

Quizá suene extraño, pero tú creaste este libro para ti.
Yo solo soy un canal que lo materializó para que pudieras recordar lo poderoso que eres.

*IMPORTANTE:

LÉELO EN ORDEN. CADA CAPÍTULO VA SUMANDO UNA PIEZA DEL PROCESO. SI EMPIEZAS POR EL FINAL O TE SALTAS CAPÍTULOS, NO TENDRÁS LA INFORMACIÓN COMPLETA.

QUÉ ESPERAR DE ESTE LIBRO

Si me conoces, sabes que he vivido un período de transformación profunda en los últimos años. A pesar de que me gustaría contar mi historia con detalles, este libro no se trata solo de mí. Se trata de honrar mi responsabilidad de compartir lo que he aprendido. Lo quise hacer lo más práctico y directo posible. Espero que, de corazón, te ayude a manifestar conscientemente la vida de tus sueños.

A través de esta guía, te explicaré el mecanismo creador que alberga nuestro cuerpo para manifestar. Te orientaré con el fin de que comprendas el funcionamiento de las leyes universales que nos afectan en el cotidiano y aprendas a usarlas a tu favor. Para ello, te daré las herramientas que te permitan conocerte, escucharte y conectar con tu *yo superior*.

Te voy a recordar que eres capaz de lograr lo que quieras. Esto será un viaje, y si aplicas lo que lees, al final de este ya no serás la misma persona. Léelo en orden. Tómate el tiempo de leer (y releer), de entender y, lo más importante, de **aplicarlo**.

PUEDES LEER ACERCA DE CÓMO MONTAR EN BICICLETA. SIN DUDA, TE AYUDARÁ. PERO NUNCA SABRÁS COMPLETAMENTE LO QUE ES, HASTA QUE TE SUBAS A UNA Y PEDALEES. ES ASÍ COMO SENTIRÁS EL AIRE, EL SOL Y LA LIBERTAD QUE SE VIVE AL HACERLO.

Después de analizar y experimentar personalmente lo que comparten Joe Dispenza (*Sobrenatural: gente corriente haciendo cosas extraordinarias*), David R. Hawkins (*El poder contra la fuerza*), Dolores Cannon (*Entre la muerte y la vida*), Helen Hadsell (método SPEC), Michael Newton (*El viaje de las almas*), Esther-Abraham Hicks y Jerry Hicks (*Pide y se te dará: aprende a manifestar tus deseos*), Annie Marquier (*El maestro del corazón*), Napoleon Hill (*Piense y hágase rico*), Bashar, St. Germain, Godfré Ray King (*Unveiled Mysteries*), entre otros, decidí escribir una guía práctica sobre lo que todos tenemos en común: **manifestar es parte de nuestra naturaleza.**

INTRODUCCIÓN

Los seres humanos somos seres dinámicos. A pesar de eso, necesitamos algo que nos mueva. Solo cambiamos cuando somos atraídos hacia lo anhelado o cuando somos forzados a ello por las circunstancias. Yo fui atraída y forzada, simultáneamente, a cambiar mi vida, y el resultado fue el más profundo viaje de autoconocimiento y despertar de consciencia. Entendí que mi manera de ver el mundo es única y que todo lo aprendido, he de compartirlo.

Siempre pensé que si tenía la oportunidad de entender el universo, la tomaría, aunque fuese algo que no pudiera compartir. Hoy pienso diferente.

A medida que me fui conociendo y confiando en mí, pude abrirme más a los demás. Después de relacionarme con mucha gente, me di cuenta de que pocos comprenden el poder que guardan sus emociones, que somos nosotros mismos quienes creamos nuestra propia realidad.

Entendí que todos deseamos sentirnos amados y que batallamos para integrar el amor más importante de todos: el amor propio. Si sientes que puedes hacer mejor las cosas, que no eres lo suficientemente bueno, que no sabes lo que quieres, ¡no te preocupes! Esto solo significa que estás vivo y que tienes que escucharte más.

Hoy puedo decir que amo la realidad que he creado para mí. Encontré la fuerza para dejar una relación de diez años que me estaba haciendo daño. Dejé de priorizar a los demás para escucharme. Identifiqué lo que realmente quería hacer y lo hice. Viajé por dos años, sin parar. Le puse nombre a cada una de mis metas y las he ido cumpliendo, una a una.

Honestamente, siento que cada día es el mejor día de mi vida y quiero que tú también te sientas así. Nada de lo que he hecho es casualidad. Existe un mecanismo innato para manifestar y te voy a ayudar a identificar cómo usarlo.

¿Cómo llegué hasta aquí? Siempre fui una persona creativa, sensible, con muchas habilidades físicas y mentales. Pero no fue esto lo que me llevó a donde estoy hoy. Después de muchos años, llegué a sentirme libre el día que dije: "Se acabó, esto no es un ensayo", aunque siento que puedo volver a nacer para hacer las cosas de manera diferente, "quiero tomar el control de mi vida y quiero hacerlo aquí, ahora. Quiero sentirme plena". Una voz dentro de mí me habló con las siguientes palabras: "Todo es posible, si crees que es así". Y no soy la única que piensa así, pues Henry Ford decía: "Tanto si crees que puedes, como si crees que no puedes, estás en lo cierto".

Hoy soy capaz de reconocer mis emociones, puedo ser honesta conmigo misma y, por ende, con los demás. Confío en mí y, por ende, en los demás. Creo en mí y, por ende, el mundo a mi alrededor funciona más que nunca a mi favor.

Todo empezó con el simple hecho de escucharme y reconocer esos aspectos que me disgustaban, para poder apreciar los que sí. Aprendí sobre la *ley del contraste* y que las cosas negativas son necesarias para ofrecer una disparidad que nos impulse a comparar y querer un cambio. Todo empieza con un deseo, el sentir que es posible, para pasar a la acción.

Me tomó una metamorfosis radical y mucho valor empezar a escribir esto. Insisto, por más extraño que suene, tú creaste este libro para ti. Yo solo soy un medio que lo materializó para que pudieses recordar quién eres.

¿LISTO
PARA CREAR
TU PROPIA
REALIDAD?

CAPÍTULO 1

¿Estás listo para crear tu propia realidad? Si estás leyendo esto, sé que lo estás. Al fin y al cabo, crear tu realidad es algo que llevas haciendo toda tu vida. Todo lo que se encuentra a tu alrededor es un reflejo de tu mundo interior y tienes más control sobre tu vida de lo que piensas.

Tú elegiste venir a la Tierra siendo quien eres, elegiste dónde nacer, elegiste a tu familia y elegiste tu cuerpo. También escogiste ciertas características con el fin de ayudarte a aprender, superar o transformar algo. Es decir, estás aquí por elección propia.

¿Y cómo digo esto con tanta certeza? Algunos hipnoterapeutas han dedicado su vida a este tema. Por ejemplo, Dolores Cannon, una psicoterapeuta que estudió de dónde venimos y hacia dónde vamos, usó una técnica de hipnosis curativa, conocida como *Quantum Healing Hypnosis Technique* (QHHT), y pudo llegar a lo más profundo de la consciencia humana para encontrar muchas respuestas.

Lo más interesante es que Dolores empezó a realizar esto como una terapia psicológica para ayudar a sus pacientes a sanar traumas. Como muchos hipnoterapeutas, hacía regresiones a sus pacientes y los llevaba al momento en el que se generó el trauma —generalmente en la niñez— para poder transformarlo de raíz. En sus sesiones, fue retrocediendo cada vez más, hasta llegar a vidas anteriores; poco a poco, fue avanzando aún más lejos, hasta alcanzar el "inicio de la vida". Se dio cuenta de que, al llegar a ese punto, las respuestas siempre eran las mismas.

A pesar de tener vidas diferentes, todos describían que, antes de nacer, tenían una suerte de reunión con su grupo de almas para decidir si vendrían (volverían) a la Tierra, para elegir su vida y momentos cruciales. Incluso, elegían quiénes les harían daño y por qué, y accedían a no recordar nada, para así poder vivir la experiencia plenamente desde la perspectiva humana.

EN POCAS PALABRAS, LA TIERRA ES UNA ESCUELA A LA QUE VIENES DE FORMA VOLUNTARIA PARA APRENDER.

Todos tenemos un grupo de almas al que pertenecemos, con el que nos relacionamos y elegimos compartir la existencia para crecer juntos. Hay diferentes niveles de consciencia, la idea es mejorar y expandirnos. Tu grupo de almas tiene un nivel de consciencia parecido al tuyo y se pueden nutrir mutuamente para evolucionar en conjunto. Eligen vivir situaciones de las que aprenderán lo que necesiten.

Michael Newton es otro hipnoterapeuta que dedicó su vida a lo mismo, con una gran diferencia: lo hizo desde el escepticismo. No podía aceptar o creer que hubiera algo más allá de la vida en la Tierra. Así que sus registros e interrogatorios a pacientes son muy interesantes. Después de analizar a cientos de personas, tuvo que cambiar sus creencias y se especializó en descifrar el sistema espiritual: cómo funciona, por qué venimos a este lugar, qué pasa entre vidas, cómo es nuestra relación con nuestros guías espirituales y más. Según Newton, tenemos unos guías espirituales asignados para asistirnos en la expansión y aprendizaje. Antes de nacer, vamos a una especie de cuarto de proyección con tres pantallas. En cada una, nos presentan posibles vidas, recomendadas por nuestros guías. Toda alma puede previsualizar y elegir la que quiera, basándose en la que más le ayude a crecer y la que más pueda disfrutar. En todas habrá puntos de inflexión o momentos específicos que elegimos vivir para la lección.

Hay señales predeterminadas que nos guían y ayudan a identificar el camino, cosas que detonarán pensamientos y emociones específicas. Él cuenta, en uno de sus libros, la fascinante historia de cómo conoció a su esposa. De niño, recuerda una publicidad en una revista en la que había una mujer pelirroja que llamó su atención; y siempre sintió que el nombre "Peggy" era relevante, de alguna manera. Ya de adulto, un día, vio varias señales que le hicieron sentir que debía ir a buscar a una "Peggy" pelirroja, vestida de blanco. Así que, siguiendo su instinto, pensó que las enfermeras siempre vestían de este color. Se fue al hospital y buscó a una "Peggy" pelirroja. ¿Qué crees que pasó? La "Peggy" pelirroja, vestida de blanco, existía. La esperó hasta que terminara su turno y conversaron. Ambos sentían que se conocían de toda la vida y el resto es historia.

CUANDO ALGO TE INSPIRA, TE EMOCIONA O TE LLAMA, NO ES CASUALIDAD. TUS GUSTOS Y PASIONES SON PARTE DE TI POR UNA RAZÓN MÁS PROFUNDA DE LO QUE CREES. Y NO ESTÁS SOLO, SIEMPRE ESTÁS SIENDO GUIADO. TODOS SOMOS UNA EXTENSIÓN DE LA FUENTE CREADORA UNIVERSAL Y, GRACIAS A ESO, ESTAMOS CONECTADOS, AUNQUE NOS SINTAMOS SEPARADOS.

Un caso que me marcó, mencionado por Michael, es el siguiente. Una mujer fue a verlo porque tenía un dolor muy fuerte en las piernas. Ya había ido a médicos, se había hecho exámenes y, al parecer, no había nada malo en ella. Sin embargo, el dolor era muy intenso y no se aliviaba. Entraron en sesión y esto fue lo que pasó: llegaron a una de sus vidas pasadas, en la que había tenido un accidente y se había roto las piernas, quedando en silla de ruedas para siempre. De ahí venía el dolor. A veces, nos traemos cosas de vidas anteriores. Por supuesto, Michael debía aprovechar esa oportunidad para jugar al abogado del diablo y preguntar por qué alguien elegiría estar paralizado por el resto de su vida, no tener hijos, quedarse soltero y requerir el cuidado de sus padres, incluso de adulto. En estado de hipnosis, la señora explicó: "Mis padres siempre quisieron tener compañía. Eran dos almas muy amorosas y les daba miedo envejecer solos. Yo elegí voluntariamente acompañarlos. Tener ese accidente fue lo más duro que viví, pero me permitió estar con ellos y recibir todo el amor que tenían para dar. Además, me formé como terapeuta para niños con discapacidad y pude apoyar a muchos de ellos en su proceso. Aunque no tuve hijos, viví la reconfortante experiencia de compartir con ellos e igual acompañar a mis padres. Yo tenía la opción de elegir otra vida en la que me casaba, pero vivía lejos de mis padres y con un día a día en el que no ayudaría a nadie. Preferí crecer y estar con mi familia. Hoy lo agradezco y no lo cambiaría por nada".

La experiencia terrenal no es simple, no es fácil, pero es transformadora y expansiva. Al venir, tú eliges si vives las lecciones que asignaste para ti o no. Las miles de personas que Dolores investigó dijeron que venimos a elevar nuestro estado de consciencia. Sin embargo, a veces el espíritu puede envolverse tanto en temas terrenales, que se deja llevar por lo físico y se queda estancado en su evolución espiritual. Es ahí donde requerimos de apoyo (guía, señales, compañía de tu grupo de almas, etc).

El espíritu es multidimensional. Imagina el espíritu como un 100 %. Un porcentaje de esto va a la Tierra y el otro se queda en el mundo espiritual. Del porcentaje que va a la Tierra, no todo va a un mismo cuerpo. Es decir, estás viviendo varias vidas simultáneamente, y al mismo tiempo, sigues en el mundo espiritual. Sé que esto no es fácil de entender. No profundizaré mucho más, por ahora, pero si te resuena y quieres aprender más de este tema, lee los libros de Michael Newton o, como hice yo, escucha sus audiolibros en *YouTube*.

De ahora en adelante, lo voy a presentar de una manera simple: un porcentaje de tu alma está en tu cuerpo y otra parte está conectada al mundo espiritual. Algunos llaman a esto el **yo superior**.

Míralo así. Imagínate que participas en un juego de mesa. En este, tienes una ficha que te representa. Tú eres tanto la ficha en el tablero como la persona que juega. La relación con tu *yo superior* es algo parecido. Los dos son el mismo *ser*. Tú eres la ficha que está representando en la Tierra, y tu *yo superior* es el jugador que tiene una mejor perspectiva porque lo ve todo desde arriba. La diferencia es que el *yo superior* no puede mover la ficha, no puede vivir la vida por nosotros. Sin embargo, sí puede guiarnos y decirnos cuál parece ser el mejor camino.

Te digo todo esto porque es un recordatorio de que eres responsable de tu propia vida, nada es al azar. Para poder explicarte cómo manifestar, primero tengo que recordarte cómo funcionamos los seres humanos:

- Estamos hechos a imagen y semejanza del Creador. Es decir, somos cocreadores de nuestra realidad.

- Nada de lo que pasa en nuestras vidas es casualidad. Nosotros elegimos todas las situaciones. Todo lo vivido es para aprender. Si no lo tomas como aprendizaje, se repetirá hasta que te detengas a preguntarte: "¿Por qué estoy viviendo esto y qué puedo aprender?".

- Tenemos libre albedrío. Podemos elegir cómo reaccionar y cómo actuar. Y la verdad es que, cuando reconocemos nuestra capacidad creadora, también podemos cambiar los sucesos de nuestras vidas.

Para cerrar este capítulo, les comparto los principios de Bashar que resumen lo anteriormente descrito de una manera increíble. Bashar es un ser de otro planeta (un ente de otra dimensión) que ha sido canalizado durante los últimos treinta y siete años, a través de un señor llamado Darryl Anka. Ha aportado una ola de nueva información que explica, claramente y en detalle, cómo funciona el universo y cómo cada persona crea la realidad que experimenta.

LOS PRINCIPIOS BÁSICOS DE BASHAR:

○ Eres una consciencia no física que experimenta una realidad física.

○ Estás en la Tierra en este momento porque tú lo elegiste. Eres imagen y semejanza del Creador. Tu esencia es el amor incondicional y es tu derecho de nacimiento experimentar cosas que te emocionen.

○ El propósito primordial de tu vida es ser tú mismo, alcanzar la cúspide de tu potencial y vivir cada momento al máximo.

○ Siempre tienes libre albedrío y el derecho de elegir.

○ Todo lo que puedas imaginar, que sea relevante para tu experiencia de vida, es posible de experimentar.

○ Atraes tus experiencias de vida a través de la interacción de tus creencias más fuertes, tus emociones y tus acciones.

○ La emoción es la traducción física de la vibración resonante con tu verdad, de quien eres realmente. ¡Sigue lo que te emocione!

- Eres naturalmente abundante y tus decisiones siempre son apoyadas por el Creador.

- En realidad, solo hay un momento en la creación. Todo lo que experimentas es el mismo momento, desde un punto de vista diferente.

- Tú creas el pasado y el futuro desde el aquí y el ahora.

- Eres un ser eterno, y aunque te transformes, tu consciencia nunca dejará de existir.

- Todo lo que experimentas es otro aspecto de ti mismo.

- Eres amado tan incondicionalmente por el Creador, que hasta puedes elegir creer que no eres amado.

MI HISTORIA: MANIFESTAR INCONSCIENTEMENTE

CAPÍTULO 2

Manifestamos las veinticuatro horas del día, siete días a la semana. Todo lo que sientes genera una huella en el universo. Este escucha, y tarde o temprano responde, pero *siempre* lo hace.

Te doy un ejemplo: yo quería viajar por el mundo y lo manifesté, aunque no de la manera en que pensaba. Quería explorar y sentirme libre. La emoción que me daba imaginarme recorriendo lugares hermosos, aventuras en la naturaleza y caminando por sitios desconocidos, era inmensa. De solo pensarlo, se me llenaba el pecho de alegría, así que el universo respondió.

En ese momento, yo estaba casada con alguien a quien ni le gustaba ir a la playa. Aunque teníamos muchas cosas en común, queríamos vidas diferentes. Supongo que eso es lo que pasa cuando te casas a los veinticuatro años. Con el tiempo, cada uno crece en su camino y no siempre se llega al mismo lugar. En ese momento, yo no tenía idea de cómo funcionaba la manifestación. Solo sabía y sentía en mi corazón que quería algo más. Quería sentirme plena y en paz.

Esto pasó en 2020, durante la pandemia, y en parte, eso aceleró mi proceso. En el encierro, me visualizaba a diario **sintiéndome** libre, en un lugar donde pudiera ver el mar y el cielo. Un día, hice una lista de lugares a los que quería ir. También hice otra sobre una nueva persona que entraría a mi vida. No sabía el poder que tenía visualizar y escribir. Mucho menos, la fuerza de mis emociones. Visualizarme libre era lo que me hacía seguir cada día. Me motivaba "saber" que había algo más. Así pasaron meses. Todo fue cayendo en su lugar, y un día, simplemente dije: "No puedo más, me voy".

Mucha gente piensa que ser vulnerable es de débiles. Yo lo veo como un superpoder. En la vulnerabilidad está el reconocer tus emociones, refleja que te permites sentir, mostrándote tal y como eres. En la primera edición de este libro, este capítulo era mucho más corto, porque me daba miedo abrirme por completo. Pero después de todo lo que he vivido, sé que es más importante inspirar a otros con mi vida que mi propio miedo a ser juzgada.

Hoy lo comparto todo, porque quizás estés pasando por algo similar y quiero que sepas que sí puedes cambiar tu realidad; que, aunque creas que no hay salida, o que no te corresponde algo mejor, todo es posible y mereces sentirte bien. Cambiar no es fácil, pero empieza por reconocer lo que **no** quieres, para poder ir por lo que **sí** quieres.

NO PUEDES MANIFESTAR LA VIDA DE TUS SUEÑOS SI NO SABES CÓMO SE VE. EL CONTRASTE EXISTE PARA LLEVARTE A CUESTIONARTE, PARA DESCARTAR LO QUE NO FUNCIONA Y DESEAR ALGO DIFERENTE.

Yo no sé de dónde salió esa fuerza en mí, ni el dinero, ni el valor. Lo que sí sé es que en el momento en el que tomas una decisión alineada con el corazón, todo se confabula para que fluyan las cosas. Yo decidí que era momento de viajar SOLA, así que partí. Me fui a Isla Mujeres, un paraíso en el Caribe mexicano. El plan inicial era irme por un mes, a pensar, a sentir el mar, a salir del encierro, a estar conmigo. No me importaba el COVID, ni dejar a mi esposo. Por primera vez en mucho tiempo, solo importaba yo y mi necesidad de sentirme libre.

Para tomar la decisión, me llevé al punto donde no pude más. Llegué a estar en una relación que no soportaba y que me estaba haciendo daño, pero ojo, no es necesario que caigas en lo más hondo para manifestar algo. Tú eres el responsable de tu vida, no eres una víctima de las circunstancias, así que toma las riendas lo antes posible, aunque sea difícil. Mientras más temprano lo hagas, menos vas a sufrir.

Estando en esa isla del Caribe, tomé el teléfono y le dije a mi esposo que quería separarme, que ya no quería estar con él. Así como yo no lo juzgo, porque sé que no tenía las herramientas correctas para reaccionar diferente, por favor, no lo juzguen ustedes. Su respuesta fue: "Nunca has logrado nada por tu cuenta y nunca lo vas a poder hacer. Jamás vas a ser exitosa. Jamás vas a sobrevivir sola".

Todo tenía que ocurrir tal cual pasó. La vida tiene ciclos que se cumplen, y cada situación y/o persona que se nos atraviesa es un maestro que nos ayuda a ver lo que podemos trabajar y lograr. Gracias a su falta de fe en mí, tuve que multiplicar mi valor y creer en mí por dos. No tenía idea de cómo iba a lograrlo, pero algo me decía que todo iba a estar bien. Tenía la opción de hacer lo que siempre había querido y convertir una situación negativa en la mejor oportunidad de mi vida. Y eso hice: empecé a viajar.

En ese momento, vivía en México. Aunque estaba en un país extraño, sin tener a dónde ir, sin mi familia y en pleno COVID, algo en mi corazón me decía que creyera en mí. Que, aunque no podía ver el camino, creyera en mí.

Ahora, por primera vez en diez años, tenía todo el tiempo del mundo para mí, con mis pensamientos y mi fuerza solo para mí. ¿Qué iba a hacer con eso? Después de pasar tanto tiempo en pareja, y con una personalidad tan entregada como la mía, había olvidado cómo vivir por mi cuenta. Tenía que redescubrir mi identidad y en ese momento me hacía estas preguntas: "¿Quién soy? ¿Qué quiero? ¿Cómo puedo hacerlo? ¿Puedo hacerlo?".

Aunque fue bastante difícil, cada vez que hice lo que sentí en mi corazón, tuve apoyo de mi familia a distancia, de mis amigos y del universo. Hoy, cuatro años después, agradezco cada segundo de mi relación y de lo ocurrido. Estoy segura de que elegí todo esto porque, tarde o temprano, tenía que llegar a donde estoy hoy. Y como no me atreví a hacerlo antes, la vida me forzó. Lo manifesté, sin saber que podía. No solo manifesté mi libertad sino mis viajes por el mundo (literalmente viajé por el mundo después de esto, pero vamos poco a poco).

En Isla Mujeres, todos los días me despertaba y me iba al mar. Me hospedé en un *coliving*, un espacio con tu cuarto y espacios compartidos como la cocina, incluyendo un *coworking* (oficina compartida) y actividades para generar comunidad. Estando allá, hubo dos cosas que me cambiaron la vida: hacer yoga a diario frente al mar y el *sound healing* (sonido sanador).

La profesora de yoga me enseñó sobre los Chakras: qué son, cómo visualizarlos alineados y qué afirmaciones decir con cada uno. Fue un recordatorio de que somos más de lo que vemos; que la vida no es tan obvia como parece, pero al mismo tiempo es más sencilla de lo que pensamos, y que una simple afirmación puede cambiar por completo tu estado de ánimo. Y segundo, experimenté el *sound healing* —cosa que nunca había hecho— en una sesión en la que escuché la vibración de *bowls* de cristal. Jamás voy a olvidar lo que sentí. Esa fue la primera vez que dejé de tener miedo y supe que mi decisión era la correcta.

En ese momento, estaba empezando a dar clases de español, y como era época de COVID, comencé en modalidad *online*. Sin embargo, no ganaba lo suficiente como para empezar una vida por mi cuenta. No obstante, durante la sesión de *sound healing,* decidí que lo haría igual. **Y las sincronicidades empezaron a pasar.**

A pocos minutos de haber terminado la sesión, mi jefa me llamó —de la nada—. Le conté que me quería separar y me dijo que no me preocupara, que tenía la posibilidad de hacer más cosas y ganar más dinero, y hasta me ofreció quedarme en su casa, si lo necesitaba.

No solo empecé mi vida por mi cuenta. Hasta pagué la renta de mi antiguo apartamento por unos meses de manera paralela, mientras viajaba. Si analizaba crudamente la situación, todo parecía indicar que lo que yo quería no era posible:

- ¿Viajar en 2020, en plena época de pandemia? Imposible.

- ¿Terminar una relación tan larga y empezar una vida por mi cuenta, en otro país? Imposible.

- ¿Empezar desde cero, sin ganar lo suficiente? Imposible.

Y aun así, lo hice. Porque en mi corazón sabía que, aunque mi mente no lo comprendiera, era suficiente y era el momento de hacer lo que yo quería. Recorrí casi todas las costas de México, Costa Rica, Panamá y España; hice un viaje increíble por Estados Unidos y me fui a Asia por primera vez. Estuve en Indonesia, Singapur y Vietnam. Empecé una travesía por los Chakras de la Tierra. Fui a Inglaterra, Egipto y hasta regresé a Venezuela, después de ocho años.

Mis circunstancias seguían siendo las mismas. El COVID seguía existiendo, pero había una diferencia gigante: creía en mí y en que todo era posible. Decidí enfocarme en lo positivo, y no solo estuve dispuesta a escucharme, sino también a descifrar cómo es que había logrado todo esto.

TENGO MILES DE MOMENTOS EN LOS QUE LA VIDA ME HA DICHO: "NO VALE LA PENA PREOCUPARSE. NO NECESITAS DOMINAR LA SITUACIÓN, NO PUEDES CONTROLAR CÓMO ACTÚAN LOS DEMÁS. DE TODAS FORMAS, VAS A HACER ESTO. ¿LO HARÁS SUFRIENDO O VAS A CONFIAR EN TI?".

¿Recuerdas que hice dos listas antes de irme? Una sobre viajar y otra sobre conocer a una persona más alineada conmigo. Lo segundo que manifesté conscientemente fue a esa persona. En Isla Mujeres, conocí a quien hoy es mi mejor amigo. Alguien que, estoy segura, acordé encontrar en esta vida, una extensión de mi alma. Llegó en el momento perfecto y me ayudó a seguir adelante. Me hizo saber que existe más gente como yo.

Desde el momento en que lo vi, supe que era de mi planeta. Además de ser el hombre más guapo del mundo, estaba en una búsqueda, viajando y creando. En ese preciso instante, tuve la certeza de que construiríamos cosas juntos. No sé bien cómo lo supe, pero lo supe. Creo que mi *yo superior* lo reconoció.

Un par de días después de conocerlo, escribí: "Voy a viajar por el mundo con Myles. Vamos a hacer videos y nos vamos a apoyar para entender por qué estamos aquí". Compartimos muy poco en Isla Mujeres. Unos cuatro días antes de irme, almorzamos juntos y conversamos sobre la vida. Un mes después, le dije que quería verlo de nuevo. Le conté de mis planes de recorrer las playas de México y, aunque no nos conocíamos mucho, lo invité a venir conmigo. Lo demás es historia. Nos reencontramos y viajamos juntos por un buen tiempo.

Conectamos en los niveles más profundos de consciencia, compartimos nuestra perspectiva de vida y, tal y como lo había intuido, empezamos a hacer videos juntos y creamos nuestro canal de viajes en *YouTube*. Este surgió de la manera más espontánea posible.

Un día, estando en la costa del Pacífico de México, pensé que era mi oportunidad para empezar a hacer algo que siempre había querido: grabar videos. No tenía cámara, ni equipo alguno, así que agarré mi celular y me fui a los lugares que más me habían gustado. Cuando regresé, Myles estaba haciendo lo mismo. Y así nació *Wander Among*, nuestro canal. Cuando haces algo que te emociona y se conecta con tu propósito, el universo te mostrará que vas por buen camino. En este caso, nuestro contenido fue muy bien recibido. Nuestro segundo video se volvió viral. Hoy tenemos videos que tienen hasta sesenta y cuatro mil vistas. Y es que crear contenido y expresar nuestra perspectiva única del mundo, sin duda, es parte de nuestro propósito. Ese fue el inicio de reconocer mi voz, de valorarme y aceptar que mi rol en esta vida es compartir mis aprendizajes.

Si analizaba la situación, todo indicaba que lo que yo quería no era posible:

- ¿Convivir con alguien alineado con lo que quiero? Imposible.

- ¿Videos? ¿Sin cámaras y sin saber editar? Imposible.

- ¿Ser escuchada y valorada? ¿Crear contenido que fuera reconocido? Imposible.

Aún así, lo hice.

Aunque es importante tener metas, aprendí que no es necesario querer controlar el proceso. Me di cuenta de que, al confiar en mí, instantáneamente tenía fe en los demás, y mi mundo empezó a ser mejor. En vez de criticar, juzgar o quejarme, empecé a poner toda mi energía en lo positivo: en lo que sí estaba pasando y en lo que quería crear para mi vida. Comencé a fluir con lo que se me iba presentando y entrené mi inconsciente para ver lo bueno de todo, para dejar a un lado mis creencias limitantes y para hacer posible todo lo que yo pudiera imaginar.

Existen muchos libros acerca de la manifestación de la realidad. Uno que me influenció fue *Piense y hágase rico*, de Napoleon Hill. En él, da un ejemplo muy claro: Henry Ford era alguien sin estudios, pero con una determinación y fe en sí mismo inigualables; él siguió todos y cada uno de sus sueños, sin la más mínima duda de poder lograrlos, incluso cuando nadie creía en él. Hasta lo llevaron a juicio para declarar que no era un ignorante. Y miren lo que es Ford para el mundo. Por eso lo cité al principio del libro, y lo hago de nuevo: "Tanto si crees que puedes, como si crees que no puedes, estás en lo cierto". Y es que gran parte de manifestar empieza por tener fe en ti mismo. Lo que tú crees posible es lo que harás posible.

Viajar es una de las cosas que más me ha hecho ampliar mi perspectiva porque pude ver, en persona, realidades muy diferentes a la mía.

A MEDIDA QUE VIAJABA FÍSICAMENTE, TAMBIÉN LO HACÍA EMOCIONALMENTE. MIENTRAS MÁS DESCONOCIDO ERA EL LUGAR AL QUE IBA, MÁS ME CONOCÍA.

A veces, llegaba a sitios que me gustaban, y a veces no. Pero al final, lo que importaba era dónde ponía mi atención y cómo reaccionaba a las cosas.

En palabras de Carl G. Jung: "No hay despertar de consciencia sin dolor. La gente hará lo que sea, sin importar lo absurdo que pueda ser, para evadir enfrentar su propia alma. Uno no se ilumina por imaginar figuras de luz, sino por hacerse consciente de la oscuridad". Cito esto porque, para poder encontrar la luz y lo poderoso que eres, tienes que estar dispuesto a reconocer y enfrentar cada parte de ti, incluyendo tu sombra y lo que has evadido por tantos años.

Después de sentir que no podía hacer nada sola, empecé a ver el valor en mí y a conectar con información y gente en mi misma frecuencia. Tuve que dejar ir lo que ya no resonaba conmigo para abrirle espacio a mi nueva vida.

Aunque mi relación no terminó nada bien, me siento agradecida, porque aprendí muchas cosas que hoy puedo reconocer como, por ejemplo, mi despertar espiritual y mi introducción a la manifestación. Después de separarme, pude tener el tiempo y espacio para profundizar en mi propósito. Me dediqué a estudiar el *ser*, a aprender todo lo que pudiera sobre la mente, las creencias, el funcionamiento del cerebro, la relación del espíritu con el cuerpo, la meditación, la vibración, guías espirituales, el sentido del propósito y la manifestación.

EN MI DOLOR, DESPERTÉ A QUIEN VINE A SER. EN MI SOLEDAD, ME ENCONTRÉ. EN MI BÚSQUEDA, ACTIVÉ MIS DONES DEL ALMA Y RECOLECTÉ MUCHAS HERRAMIENTAS QUE DEBO COMPARTIR.

CÓMO MANIFESTÉ TODO ESTO

He probado miles de cosas en el ámbito laboral, pero no me había topado aún con algo con lo que me sintiera plena y feliz. Pero, de nuevo, sabía que podía crearlo desde mis emociones. Así que hice una tercera lista de deseos. Anoté los detalles específicos de mi trabajo ideal, aunque no sabía cuál era. Escribí:

- Dónde quiero que sea: cerca de mi casa, que pueda llegar fácilmente, o en bicicleta, en una zona caminable.

- Cuánto quiero ganar: en ese momento, solo necesitaba $1,000 USD mensuales, aproximadamente.

- Cómo quiero que me haga sentir: *libre, feliz y realizada.*

- Cómo quiero que sea:

    - Un trabajo con cero estrés, en el que solo tuviera que preocuparme de este mientras lo hiciera; que el resto del día usara mi mente para lo que yo quisiese.

    - Que fuera algo retador, pero divertido. Algo estable, pero creativo.

    - Algo que yo **disfrutara** hacer.

Y aunque no sabía qué sería, ni cómo llegaría, sabía que se daría. Y un día, una amiga posteó en Instagram que buscaban profesores de español, que la paga era buena y los estudiantes, *cool*. Incluía cero estrés, pero era creativo y retador. El trabajo cumplía con todas y cada una de las características que había anotado en mi lista.

Si analizaba la situación, todo indicaba que lo que yo quería no era posible:

- Yo no era profesora, ¿dar clases de manera profesional? Imposible.

- Los demás profesores habían estudiado idiomas, o eran traductores, o filósofos, o lingüistas. ¿Competir con gente más calificada y que me eligieran? Imposible.

Aún así, lo hice.

Yo no me planteé nada de esto. Solo mandé mi CV porque me emocionó la idea. Fui a la entrevista, convencida de que no tenía competencia y que era para mí.

El universo se encuentra a nuestra disposición, esperando a que deseemos algo para responder. Siendo más precisos, a que sintamos algo para dar una respuesta. Tú pides y el universo concede, a medida que bajas las barreras y cambias tus creencias limitantes. Siempre en los tiempos perfectos.
Los dos últimos años de mi relación fueron de mucho contraste. Lo que mi exesposo quería era muy diferente a lo que yo deseaba. Me tomó todo ese tiempo darme cuenta de lo que yo me merecía y merezco: estar con alguien más alineado conmigo; merezco indagar dentro de mí, hasta encontrar lo que me guste, sin que nadie me juzgue; merezco sentirme amada y valorada; merezco gastar mi dinero en lo que yo quiera; merezco estar en paz y tener el estilo de vida que más me guste, sin importar nadie más.

Y MEREZCO CAMBIAR DE PARECER TODAS LAS VECES QUE LO NECESITE PARA SABER QUIÉN SOY.

Quería compartir con alguien que correspondiera mi energía, que quisiera viajar, que le gustara la playa, que quisiera entender la vida tanto como yo, con una visión positiva como la mía. Ya les conté cómo conocí a Myles, pero aquí vienen los detalles de cómo lo manifesté. Recuerda que esto es una introducción para compartirte ejemplos de la vida real. Más adelante, veremos cómo escucharte para identificar lo que quieres, conectar contigo, reconocer tus emociones y así, hacerlo realidad.

Para manifestar a Myles, hice una lista de características específicas: que fuera dinámico, activo, saludable, que apreciara la naturaleza y estar al aire libre; que fuera creativo y que tuviera una buena relación con el dinero; ambicioso, pero en paz consigo mismo; con metas interesantes; con el pelo medio largo y muy guapo; con ganas de crear y con interés en la espiritualidad. Cuando conocí a Myles, supe que era él.

La tercera cosa que manifesté fue viajar. Soñaba con explorar lugares nuevos, hacer planes en otros países y recorrer el mundo. Pues, una vez más, hice una lista en la que escribí todos los sitios a los que quería ir y cómo me hacían sentir. Sin saber acerca de la visualización, me imaginaba en cada uno de ellos, sintiéndome emocionada, agradecida y plena de solo pensarlo. Cuando decidí que lo haría y tomé acción, la vida se encargó de apoyarme y empujarme. Pero necesitaba contraste. Tuve que sentirme realmente mal en mi relación para poder, siquiera, pensar en que podía hacer algo diferente. Al parecer, estaba lista. Así que pasó.

¿QUIÉN ERES
Y QUÉ QUIERES?

CAPÍTULO 3

Quizás estás aquí porque quieres manifestar la vida de tus sueños. Pero, ¿cuál es la vida de tus sueños? Y más importante aún, ¿por qué quieres esa vida? Lo que nadie te dice sobre manifestar es que todo será mucho más sencillo si haces un trabajo de autoconocimiento previo, porque elegirás cosas alineadas a tu propósito de vida y el universo acelerará el proceso.

Tu perspectiva y el conjunto de habilidades que tienes son tan únicos como tu ADN. Viniste a la Tierra a aportar un valor particular, que el mundo necesita, y que solo tú puedes dar. Tu trabajo es conocerte y conseguir lo que te hace feliz, lo que te hace sentir pleno y en paz. Desde ese lugar, inevitablemente inspirarás a otros con tu vida y querrás ayudarlos.

Somos un ecosistema en el que cada uno tiene un papel que desempeñar. Imagínate que la humanidad es como un cuerpo humano en el que cada órgano tiene un rol. Alguien es el corazón que viene a bombear sangre, mientras que otro representa los pies que mueven el cuerpo, y alguien más es la cara o la voz. Todas las partes, por muy diferentes que sean, son importantes y necesarias. ¿Qué parte del ecosistema eres? ¿Qué te hace sentir pleno y en paz? ¿Qué viniste a aportar al mundo?

Lo hayas pensado antes o no, viniste a crear. Cuando la gente dice que estamos hechos a imagen y semejanza de Dios, a lo que se refieren es que somos creadores también. Todos vinimos a crear QUIENES somos y DESDE quienes somos. Algunos crearán negocios; otros crearán contenido; otros, nuevas formas de enseñar, o de generar bienestar; otros, platos deliciosos, o ayudarán a que la gente se vea bien. No importa lo que vengas a hacer, siempre y cuando seas auténtico y honesto contigo mismo.

Sin embargo, crear no solo se refiere a cosas creativas, obras de arte o invenciones fuera de ti. Se refiere principalmente a crearTE, a crear una vida hermosa desde tu esencia.

TÚ ERES LA PRINCIPAL CREACIÓN A LA QUE DEBES PRESTARLE ATENCIÓN, MOLDEAR TU MUNDO INTERIOR Y CULTIVAR TODOS LOS ASPECTOS DE TI.

"La reencarnación no te ayudará si en la próxima encarnación sigues sin saber quién eres". - Eckhart Tolle. Si decides descubrirlo, conectarás con tu esencia y propósito, y podrás sacar el mayor provecho de esta existencia. Podrás activar el portal de tu corazón y empoderarte al máximo. Si decides "encontrarte", debes saber que será un viaje que transformará tu perspectiva de la vida para siempre.

Cambiar o salir de tu zona de confort será doloroso, pero como dice Eckhart Tolle, si no lo haces ahora, solo estarás posponiendo el trabajo, estarás comprando tu boleto de vuelta a la Tierra para repetir todo, hasta que aprendas la lección: "Viniste a esta escuela llamada Tierra a recordar quién eres, a reconocerte y crear valor desde ti mismo, a amarTE y a amar, y disfrutar todo lo que te rodea". No será fácil todo el tiempo, pero te prometo que valdrá la pena.

Vuelvo a mi ejemplo. Hoy estoy haciendo algo que soñaba. Sé quién soy y lo que quiero. Me siento plena, en paz conmigo y con mi presente, disfrutando y agradeciendo cada instante, sabiendo que soy la infinita creadora de mi realidad, capaz de manifestar lo que me atreva a pensar y sentir. Si yo pude hacerlo, tú también puedes.

Ahora, ¿cómo dejas de escuchar lo que dice la sociedad y prestas atención a tu verdadero *yo*? ¿Cómo conectas con ese poder infinito en tu interior? ¿Cómo encuentras quién eres dentro de ti mismo? ¿Cómo calmas tu mente y abres tu corazón?

Primero, teniendo el deseo. Por algo dicen que el que busca, encuentra. Luego, pasando tiempo contigo, a solas, dedicándote un momento cada día, únicamente para ti. Esto puede verse diferente para cada quien, pero hay herramientas que te pueden ayudar como, por ejemplo, hacer *journaling* (escribir en un diario), meditación, yoga, estar en la naturaleza y contemplarla, hacer ejercicio, terapia y hacer cosas que amas.

Un amigo me preguntó: "¿Qué significa pasar tiempo conmigo, si yo estoy conmigo todo el día?". Pasar tiempo contigo significa poner tu atención en ti, en tu mundo interior. Donde pones tu atención, pones tu energía. Durante el día a día, generalmente, ponemos la atención en cosas externas, y esto limita el flujo de energía para nuestro crecimiento personal. Trata de identificar dónde se encuentra tu atención: en tu trabajo, en tu celular, en otras personas, en lo que hacen. Todas esas son cosas que pasan fuera de ti.

Digamos que en tu cuerpo hay varios pasajeros: la mente (con tus pensamientos), el corazón (con tus emociones), el ego (con tu visión de ti mismo y cómo te proyectas a los demás) y, finalmente, la consciencia (tu esencia primaria que carga el karma y conocimiento de la existencia, quien eligió venir a tener una experiencia humana). Todos estos tienen un rol importante para que seas quien eres y para que la vida funcione. Cuando pasas tiempo contigo, pones tu atención en las sensaciones intangibles de ti mismo, escuchas lo que cada una tiene que decir.

LO IDEAL ES TENER UNA POSICIÓN DE OBSERVADOR. ES DECIR, RECONOCER QUE NO ERES TUS PENSAMIENTOS, NO ERES LA PREOCUPACIÓN O ESTRÉS, NO ERES TUS EMOCIONES, NO ERES LA IRA O LA TRISTEZA. TAMPOCO LA ALEGRÍA. ERES UNA CONSCIENCIA QUE OBSERVA Y ELIGE, ERES UN ALMA QUE VIVE EN EL CUERPO Y COEXISTE CON LOS PENSAMIENTOS Y EMOCIONES.

Esta analogía lo representa más claro. Imagina que estás en un mirador, desde el que puedes ver una autopista con carros pasando. Tú observas esos carros y, dependiendo de a dónde quieras ir, te montas en uno o no. No porque un auto pase enfrente, vas a subirte. Los pensamientos y emociones son iguales: tú tomas el puesto de observador y eliges en qué pensamiento o emoción subirte. No porque pase enfrente, tienes que dejarte llevar.

HERRAMIENTAS PARA CONECTAR CONTIGO

CAPÍTULO 4

JOURNALING (ESCRITURA CONSTANTE Y CONSCIENTE)

Alguna vez escuché esta frase que amo: "Escribir un diario es como susurrar para uno mismo y escuchar al mismo tiempo".

El *journaling* es escritura constante y consciente. Es, literalmente, tener un diario donde cada día escribas todo lo que piensas, sientes, agradeces, quieres y eres. Te va a costar empezar, y tal vez te sientas tonto y que no tienes nada que escribir. Así que te voy a dar una guía, una serie de preguntas que puedes responder fácilmente para que arranques y lo integres como un hábito en tu vida. Nada que traiga beneficios a largo plazo funciona de la noche a la mañana, así que comienza hoy y no te detengas hasta después de hacerlo por, al menos, catorce días.

Antes de empezar, di a ti mismo: "Estoy comprometido a superarme, a dedicar tiempo a las cosas que quiero y a aprovechar mi vida al máximo, empezando hoy".

Ahora, tómate cinco minutos que van a cambiar la trayectoria de tu día. Busca un bolígrafo y completa.

Puedes usar la sección de notas al final de este libro o tener tu propio cuaderno. Idealmente, hazlo al comenzar o al finalizar el día.

Preguntas guía (con mis respuestas de hoy en *cursiva*):

- ¿Cómo me siento en este momento?

Me siento en calma. Estoy un poco cansada, pero emocionada por lo que hice el fin de semana. Me siento contenta por la gente que está en mi vida. Me siento un poco abrumada, porque quiero hacer muchas cosas y no sé por dónde empezar hoy, así que voy a ir un paso a la vez, comenzando por la que se me haga más fácil. Me preocupa no terminar mi meta de escritura de esta semana, pero creo que, si me organizo, lo puedo lograr.

- ¿Qué merece la pena recordar de ayer?

Que descubrí a Jim Rohn, una persona con una historia muy inspiradora y de quien puedo aprender un montón. Que amo lo que estoy haciendo y todo lo que involucra. Ayer conecté con mis amigos nuevos, los deportistas, je, je. Creo que siempre había querido tener cerca gente activa, tan aventurera y tan pura como yo.

- ¿Cuál es mi tarea más importante de hoy?

Hoy tengo varias. Mi tarea más importante de hoy es completar mi cuota de escritura y descansar. Recuperarme de mis dos competencias del fin de semana, hidratarme y cuidarme. Mi tercera tarea importante es crear una meditación hermosa y poderosa para mi evento en vivo de hoy. Creo que voy a probar hacer una meditación de "Love and Kindness".

- Tres cosas por las que me siento agradecido.

Me siento agradecida por mi vida, porque me reconozco y aprecio. Porque amo mi cuerpo, que me ayuda a hacer cosas increíbles.

Me siento agradecida por mi creatividad, porque perdí el miedo a hacer cosas nuevas, y lo estoy disfrutando mucho.

Me siento agradecida por este cielo tan azul que estoy viendo.

- Tres cosas que amo. Pueden ser cosas pequeñas o cosas grandes. Por ejemplo:

Amo a mi mamá. Amo el cafecito en la mañana. Amo estar donde estoy hoy.

¡IMPORTANTE! LAS SIGUIENTES PREGUNTAS PUEDEN SER UNA VEZ A LA SEMANA:

o ¿Cómo se ve mi vida perfecta?

Mi vida perfecta es siempre hacer lo que amo, compartir todo lo que he aprendido, a través del contenido que estoy creando. Sentirme libre y trabajar desde cualquier parte del mundo. Mi vida perfecta es estar en paz con quien soy y como hago las cosas. Siempre creando cosas de valor e inspirar a otros con mi vida.

o ¿Cuáles son mis metas a corto plazo?

Publicar la segunda edición de mi libro. Lanzar mi programa, antes de que se termine el año. Crear meditaciones hermosas y poderosas semanalmente. Mejorar mis tiempos al correr.

o ¿Cuáles son mis metas a largo plazo?

Seguir siendo fiel a quien soy. Siempre siempre siempre, seguir lo que me emocione. Tener una vida que me inspire y que inspire a otros a vivir su propósito. Quiero vender cien mil copias de mi libro, inicialmente. Quiero ayudar a un millón de personas a aprender a meditar. Ya logré clasificar para la Copa Mundial de OCR (un deporte que practico). Quiero ir a las olimpíadas. Siempre soñé con eso. Vamos primero por el mundial, con miras a las olimpíadas.

Vuelve a leer las cosas por las que estás agradecido. Siempre termina con agradecimiento por estar aquí y por haberte dedicado unos minutos para ti.

Estas respuestas pueden variar cada día. Algunos días pueden sonar similares, así como en otros serán muy diferentes. Con el tiempo, será más fácil conectar con tus emociones y expresarlas, será más sencillo saber qué pasa dentro de ti. Esto te ayudará a reconocer algunos patrones y deseos. Te enseñará a estar más consciente sobre cómo tu estado de ánimo se ve afectado por los eventos de tu día a día, a validar tu opinión y pensamientos, y a saber qué quieres.

MEDITACIÓN

Volvamos a mi historia por un momento. Te conté que mi vida cambió radicalmente en poco tiempo. En el mismo mes, perdí mi casa, a mi esposo, todas mis cosas, me fui de la ciudad en la que había vivido los últimos seis años y empecé a viajar en plena pandemia. Vivía mi día a día en modo de supervivencia. Sí, en aventuras hermosas, pero también sin parar, sin darme tiempo de procesar mis emociones y creando mi nueva realidad de manera muy acelerada.

El cuerpo somatiza lo que no se reconoce, lo que se ignora y lo que no se procesa. La atención es energía y cuando no escuchas tus emociones o pensamientos, esa energía se acumula y genera bloqueos que pueden afectar tu salud. Mi cuerpo encontró la manera de decirme esto. Pasé un año completo sin tener la menstruación. Fue un año de adaptación a esta nueva versión de mí en la que estaba lidiando con mucha incertidumbre y un despertar de consciencia que, aunque agradezco con cada célula de mi ser, fue muy doloroso.

Hoy puedo hablar de esto porque hice las paces con todo lo que viví. Hoy puedo decir que no guardo ningún resentimiento hacia nadie. Percibo y agradezco cada lección como un maestro. En ese momento, había regresado a Ciudad de México para ver si podía divorciarme. Fue imposible hablar con mi esposo y más aún proceder con el trámite, a pesar de que él ya estaba con alguien más. Mi mamá vino de visita para ayudarme con esto y lo que no esperé es que igual me sentía incompleta, me sentía rota, traicionada y muy perdida. Ya había recorrido casi todas las playas de México y no sabía a dónde más ir. En mi desesperación por encontrar claridad, paz, reducir estrés y regularizar mi cuerpo, tenía que probar algo nuevo.

Mi intuición me decía que la meditación me iba a ayudar. Una cosa me llevó a la otra y terminé viendo la serie completa de *Rewire*, de Joe Dispenza, en Gaia. Él dice que puedes curar tu cuerpo con tu mente.

Que cuando generas coherencia entre tu corazón, mente y acción, puedes manifestar lo que sea. Fue la primera vez que escuché que hay un universo infinito de posibilidades en el que puedes plantar semillas y crear tu realidad.

Yo había meditado antes. De hecho, practiqué budismo de Nichiren por varios años, en el que meditábamos con un mantra hermoso. Pero creo que mi aproximación a meditar no era la mejor. Lo usaba a modo de auxilio, de pedirle una solución a algo externo a mí, esperando que el poder de este mantra "hiciera magia". En vez de reconocerme, de usarlo para calmar mi mente y escucharme, lo usaba para crear más ruido y tapar mis pensamientos.

LA MEDITACIÓN NO SE SUPONE QUE "DETENGA" TUS PENSAMIENTOS. ESTAMOS DISEÑADOS PARA PENSAR, PARA COEXISTIR CON NUESTRA MENTE. LA MEDITACIÓN EXISTE PARA CALMAR TU SISTEMA NERVIOSO Y TE AYUDA A CONVERTIRTE EN UN OBSERVADOR DE LO QUE PASA DENTRO Y FUERA DE TI.

El objetivo no es parar de pensar. Es fluir tu atención conscientemente y elegir dónde ponerla; es ver cuando viene un pensamiento o emoción, y decir "yo no soy mis pensamientos", "yo no soy mis emociones", "yo soy la consciencia que da vida a este cuerpo; reconozco este pensamiento/emoción y le daré la atención correspondiente, en el momento adecuado".

Si te vienen preocupaciones a la mente cuando meditas, reconócelas: "Esto me preocupa, pero ahora estoy meditando, así que elijo volver mi atención a lo que estoy haciendo, a la voz de la meditación guiada, a la respiración, a mi cuerpo; y cuando termine, me ocuparé de eso que me inquieta". Te aseguro que al terminar tu meditación, podrás pensar con más claridad y será más fácil encontrar soluciones a lo que sea necesario. Incluso, podrás ver nuevos caminos que antes no habrías descubierto.

La meditación te permite crear una pausa en tu patrón de pensamiento, salir de tu mente para conectar con tu cuerpo y con lo que pasa en el momento presente. Muchas veces, nos quedamos pensando en algo que no está en nuestras manos, algo hipotético que no ha pasado y que quizá no pase, y no nos damos la oportunidad de dejarlo ir de nuestra mente, ni por un segundo. Esto no solo te genera estrés, sino que va a drenar energía que podrías estar usando para otra cosa.

Como mencioné antes, yo me sentía perdida. Literalmente, no sabía a dónde ir. Sabía que no quería estar en Ciudad de México, pero mi ansiedad no me permitía ver más opciones. En mi mente, solo decía: "Necesito encontrar un lugar en dos días, necesito salir de aquí". Así que empecé a meditar, aplicando las enseñanzas de Joe Dispenza. Y, ¿sabes qué? —es que yo todavía no me lo creo—: A LA SEMANA me vino el período. Y al terminar la meditación, tuve la claridad que necesitaba. Supe perfectamente qué hacer y a dónde ir. Me vino a la mente un escenario que ni siquiera imaginé posible antes y supe, con certeza, cuáles serían mis próximos pasos. Sentí que el universo estaba apoyándome y guiándome.

Esta meditación fue una revelación profunda. Es difícil explicarlo con palabras, como cuando quieres contar algo que soñaste, pero lo voy a intentar: mi cuerpo dejó de existir. Sentí que era una flor, un capullo abriéndose y, con cada pétalo que florecía, mi cuerpo físico se desvanecía y me convertía en energía, una energía que ocupaba cada centímetro del universo. Me volví infinita. Me sentí profundamente amada y, por primera vez, vi a un batallón de ángeles dándome la bienvenida, haciéndome sentir sostenida, abrazándome con todo el amor que pueda existir. Entendí que la vida, como algo físico, es solo una ilusión que proyectamos desde nuestra consciencia. Todo esto es un juego que uno mismo está creando.

Desde ese momento, empecé a tener contacto con mis guías espirituales, algo que todos tenemos y a lo que podemos acceder en el momento que nos corresponda. Al terminar la meditación, *sentí* lo que tenía que hacer. Simplemente, tuve nuevas ideas y mi ansiedad se redujo muchísimo. Aunque en ocho años nunca había visitado a Gabriel, mi hermano, supe que debía ir a verlo, quedarme con él un tiempo y reconectar. Fue la mejor idea que pude tener y fue gracias a que calmé mi mente y abrí mi corazón.

Lo más sorprendente es cómo todo encajó. Cuando llegué a casa de Gabriel, él estaba solo. Tenía meses sin ver a su esposa porque estaba a la espera de una visa (él es americano, ella no). No solo reconecté con mi niñez y con mis raíces, sino que serví de compañía y como canal de luz a la vida de mi hermano. Él me necesitaba en ESE momento y yo lo necesitaba a él.

Después de esa primera meditación, empecé a hacerlo cada día. Estuve un par de meses en casa de Gabriel y todo lo que vino después fue simplemente mágico. Me fui a Tulum, donde conocí a Akira, una médium, maestra de meditación y sanadora, que me enseñó muchas cosas y se convirtió en una de mis mejores amigas. Ya para ese momento, yo estaba más consciente sobre mis dones del alma, canalizaba a mis guías espirituales e interpretaba energía fácilmente para ayudar a otros. Akira me enseñó otras formas de meditar. Y lo más importante: me ayudó a confiar en mi camino y en mí.

En Tulum decidí empezar a compartir todo lo que había aprendido, empezando por: "Manifestar es parte de nuestra naturaleza. Todo lo que puedas imaginar, lo puedes hacer realidad". Creé mi cuenta de *TikTok* y, desde el día uno, todo fluyó sorprendentemente. Mi primer video tuvo unas doce mil vistas en veinticuatro horas, veinte mil personas empezaron a seguirme en el primer mes, y me di cuenta de que tenía una voz y, con ella, la responsabilidad de compartir y guiar a otros.

Ojo, todos somos únicos y diferentes. Nadie nunca va a tener la misma experiencia que tú, o la misma perspectiva, porque nadie tiene tu conjunto de genes, ni tu mismo contexto, ni tus habilidades. Lo que sí les aseguro es que la meditación te acercará a quien eres realmente. Te ayudará a escucharte y tendrás la experiencia que tu alma necesite.

Después de Tulum, sentí que Bali me estaba llamando. Sabía que tenía que aislarme un tiempo para procesar todo lo que había descubierto, hacer las paces con mi exesposo por mi cuenta, lidiar con el hecho de no saber quién era, aceptar y aprender a usar mis dones del alma y, además, estar en la naturaleza, rodeada de personas que estuvieran en una búsqueda o camino espiritual.

Lo demás es historia. Me fui a Asia por casi un año, donde profundicé mis estudios sobre la mente y el ser, donde tenía acceso a yoga, terapias, sonido sanador y meditaciones infinitas todos los días. Donde, además, conocí a gente hermosa y descubrí quién soy. Todo miedo que pudo existir en mi corazón, desapareció. Toda impotencia o sentir que no era suficiente, se fue. Encontré libertad de juicio, porque nadie me conocía y nadie me juzgaba, así que me permití dejar de juzgarme y seguir mi corazón.

La meditación me ayudó a tener claridad y paz interior, a escuchar lo que realmente quería. Renté una moto y recorrí la isla entera. Fui a cada volcán, templo y rincón del mar que pude; aprendí a hacer apnea, a estar completamente sola en el medio de la nada. Conocí sacerdotes y meditadores modernos, viajeros que, como yo, encontraban su hogar dentro de ellos mismos. La vida me trajo a mi camino. Me llegó un *Meditation Teacher Training* (un entrenamiento para ser maestra de meditación) a mi puerta, literalmente.

En ese entrenamiento, estudié muchos de los tipos de meditación que han perdurado en el tiempo y que se han adaptado al mundo contemporáneo. Muchas personas piensan que para meditar tienes que ser un monje, dejar todo lo material y ser célibe, ja, ja, ja. Para nada. La meditación es una habilidad innata que todos tenemos, un instinto biológico de recuperación, placer y conexión que simplemente necesita despertarse o concientizarse. Es un estado mental natural que todos hemos experimentado. Cuando te concentras en una sola tarea, cuando contemplas la naturaleza, cuando tienes una taza de té en tus manos y te sumerges en esa sensación de calidez, cuando te quedas mirando la lluvia caer y disfrutas el olor a tierra mojada, cuando tomas un baño sin apuro, estás meditando.

De las cosas más importantes que aprendí es que la vulnerabilidad es un superpoder. Permitirte sentir y reconocer tus emociones, y lo que has vivido, te ayuda a escucharte, honrar tu camino, valorar tu propia voz y ver lo que ya no necesitas, para dejarlo ir. Sí, da miedo estar solo con los pensamientos y emociones, pero una vez que entras en ti, ves que tu mundo interior es mucho más que eso. Es una infinita consciencia, llena de amor y sabiduría, que te guiará y te hará sentir en paz.

Además de estudiar los tipos de meditación, aprendí cómo cada uno afecta nuestro cerebro, el sistema nervioso y endocrino; revisé experimentos y estudios de reconocidas universidades que muestran sus beneficios, y escuché a maestros de todo el mundo que han dedicado su vida a la meditación. En resumen, esta te va a permitir:

- Reducir estrés y ansiedad.
- Relajar el sistema nervioso central.
- Mejorar la concentración.
- Mejorar tu estado de ánimo.
- Encontrar una conexión espiritual.
- Hallar claridad y alegría por la vida.
- Elevar tu vibración.
- Visualizar lo que quieres.
- Restaurar el sueño y el descanso.
- Tener un recordatorio de que no solo eres un ser físico.

Lo mejor para empezar a meditar es probar diferentes tipos, hasta que encuentres uno con el que te identifiques. Cada cerebro opera de manera similar, pero única. Así como todos tenemos gustos diferentes, también tenemos técnicas de meditación que se adaptan mejor a cada quien. Si has intentado meditar y no fue fácil, o no te gustó, lo más probable es que ese no haya sido el tipo de meditación que mejor se ajuste a ti.

En todos los casos, vas a calmar tu sistema nervioso central, pero es mejor encontrar la meditación que más disfrutes, que te sea más fácil y que sientas más natural. Siempre empieza con tres respiraciones profundas, ya que las las inhalaciones, seguidas de exhalaciones largas, estimulan el sistema nervioso parasimpático, que luego regula nuestras emociones y calma nuestra respuesta al estrés.

TIPOS DE MEDITACIÓN

Aquí menciono algunos tipos de meditación y sus detalles:

- **Visualización:** es usar tu imaginación, siguiendo tus propias indicaciones o las de alguien más. Por ejemplo: "Imagina que estás en un jardín hermoso y caminas hacia una puerta", "imagina que lo que deseas, ya pasó", etc. Los beneficios dependerán de lo que visualices. Hay muchos tipos de visualización. Por ejemplo:

- *Escaneo corporal:* el escaneo corporal implica visualizar y prestar atención a partes del cuerpo y sensaciones en un orden específico, desde los pies hasta la cabeza, o viceversa. Al escanearte mentalmente, tomas consciencia de cada parte de ti y notas cualquier dolor, tensión o malestar general. Fortaleces la conexión entre tu mente y tu cuerpo, lo que puede reducir tus niveles de estrés, aumentar tu autoconsciencia y autocompasión e, incluso, reducir el malestar físico. Estudios demuestran que al visualizar una parte de tu cuerpo, envías más oxígeno a la misma.

- *Loving-Kindness / Bondad amorosa:* es una práctica budista en la que se trabaja la compasión. En esta, también usas la visualización, pero muy sencilla. No tienes que ser una persona tan visual. Hay estudios que comprueban que la compasión es una habilidad que se desarrolla con la práctica. Esta meditación es fácil de seguir y es para aquellos que necesitan mejorar la relación con ellos mismos, con personas específicas o con lo que los rodea en el momento presente.

- *Meditación instintiva:* es otro tipo de visualización donde usas tu memoria sensorial para revivir situaciones placenteras desde todos tus sentidos. Es decir, no solo te enfocas en lo que ves, sino también en lo que sientes, lo que hueles, escuchas, la temperatura del lugar. Todo.

- *Meditación de Chakras:* es aquella en la que haces un recorrido visual por cada uno de ellos. Puedes incluir afirmaciones o sensaciones, pero lo principal es imaginar los colores de cada chakra y balancear la energía en cada uno.

o **Mantra:** es repetir una frase o palabra en voz alta o en tu mente. Esta frase puede tener un significado o no. Los beneficios de esta son percibidos al terminar el mantra. Después de usarla, quédate en silencio unos minutos y permítete recibir lo que sea que necesites. Quizá vengan ideas, claridad, impulsos, sonidos o simplemente relajación. Esta meditación afecta la parte del cerebro que ayuda a pasar información de un hemisferio a otro. Ayuda a procesar el trauma, en general. Lo que pasa con los traumas es que los eventos se quedan atrapados en la parte emocional del cerebro en un *loop,* en un bucle, y no podemos pasarlos a la parte racional para entenderlos y procesarlos. Al usar la meditación de mantra, ayudas a engrosar el cuerpo calloso, que es la membrana entre ambos hemisferios del cerebro. Mientras más gruesa sea esta membrana, más fácil será procesar información de un hemisferio a otro.

- **Meditación de Respiración Consciente:** el objetivo es cultivar bienestar, aprecio y relajación, trayendo consciencia a las sensaciones del momento presente, a través de la respiración. Es decir, vas a concentrarte solo en tu respiración. Esta puede ser una buena opción si no eres tan visual o piensas que tu imaginación no es tu fuerte.

¿Cuál de estos tipos llamó tu atención? Si te sientes tentado a meditar en este momento, aquí van cuatro recomendaciones para que le saques el mayor provecho:

1. Encontrar un lugar tranquilo, silencioso y sin distracciones. Un espacio privado en el que te sientas cómodo. Puede ser en tu cuarto y puedes decirle a la gente con la que vives que vas a meditar y que no te molesten en los próximos minutos.

2. Apartar un tiempo específico para esto. Pueden ser cinco, diez minutos, una hora, lo que quieras. Pero asegúrate de tener la paz mental de que, en ese momento, lo único que importa eres tú. Pon tu celular en silencio.

3. Sentarte en una posición cómoda para ti. Puede ser en el piso o una silla. Lo que importa es que tengas la espalda derecha, ya que así fluye mejor la energía vital de tu cuerpo.

4. Elige la técnica de meditación que más te guste y comienza. Puedes poner tu atención en tu respiración o escuchar una meditación guiada. En *YouTube* puedes encontrar ejemplos de todo, al igual que en mi cuenta de *TikTok*, donde subo meditaciones casi todas las semanas. Y de más está decir que estoy a la orden. Si no sabes por dónde empezar, contáctame por redes y con mucho gusto te ayudaré.

Cuando escribí esto, vivía en Ubud, uno de los lugares más emblemáticos de Bali para ir a sanar y conectar con la espiritualidad. Se dice que la energía de Bali es transformadora y aceleradora; y que cuando vas con intención, puedes tener resultados en tiempos impensables. Lo que entenderías, transformarías o sanarías en años, en otro lugar, aquí lo haces en meses. Yo creo que es porque esta isla tiene un par de volcanes que la conectan con la energía matriz de la tierra. Me desvío un poco del tema porque, gracias a esos volcanes, tuve unas cuantas epifanías y entendimientos que se quedarán conmigo por siempre. Aquí les comparto una:

En frente de mi casa, hay un volcán hermoso: el Monte Agung. A veces está nublado, y aunque yo sé que el volcán está ahí, no siempre puedo verlo. Digamos que el volcán es lo que quiero manifestar y las nubes son mis pensamientos cuando estoy estresada, llenos de creencias limitantes que me impiden avanzar. La meditación es como esa brisa que despeja el panorama y que te permite ver tu volcán de nuevo. Es ese fenómeno natural que hace fluir los pensamientos, para poder ver claramente lo que quieres y empezar a caminar hacia allá.

TENER MUCHOS PENSAMIENTOS ES NORMAL. A LO LARGO DEL DÍA, SOMOS CAPACES DE CREAR APROXIMADAMENTE 60.000 PENSAMIENTOS. LA MEDITACIÓN NO PRETENDE DETENERLOS, SINO AYUDARTE A OBSERVARLOS Y FLUIR CON ELLOS PARA ELEGIR QUÉ NECESITA ATENCIÓN, QUÉ NECESITA ACCIÓN Y CUÁNDO.

Al contrario de lo que mucha gente piensa, meditar no es "poner tu mente en blanco". Lo que sí puedes hacer es guiar tus pensamientos, en vez de tratar de detenerlos.

LA MEDITACIÓN Y EL CEREBRO

La meditación afecta físicamente tu cerebro. Aumenta las áreas relacionadas con: enfoque, atención, regulación de emociones, aprendizaje, memoria, empatía, comportamiento compasivo, autorreferencia, lenguaje, equilibrio, coordinación y manejo de la fuerza de voluntad. Saber cómo funciona tu cerebro te ayudará a maximizar su potencial.

Las neuronas son las unidades fundamentales del cerebro y el sistema nervioso. Ellas se comunican entre sí, a través de impulsos eléctricos que se pueden medir. A esto le llamamos "ondas cerebrales". El primer aparato para medir estas ondas se inventó en 1924. Se llama "electroencefalógrafo" (EEG). Desde entonces, se han realizado múltiples estudios que confirman su funcionamiento.

Dependiendo de lo que estés haciendo, el cerebro genera diferentes ondas y químicos. Lo que pasa en el cerebro cuando meditamos no deja de sorprenderme, así que te voy a contar cómo opera este en diferentes situaciones y lo que pasa mientras meditamos, para que lo juzgues por ti mismo.

Estas son las ondas en las que opera el cerebro, dependiendo de tu edad y enfoque:

ONDAS		DETALLES	ENFOQUE	EDAD
BETA	12-30 Hz	VIDA DIARIA. Estado de alerta.	Estímulos externos.	7 años en adelante.
ALPHA	8-12 Hz	APRENDIZAJE. Mundo imaginario, relajación con atención, creatividad. Inconsciente sugestionable.	Mundo interior, mente, pero también estímulos externos.	De los 0 a 7 años. Y a lo largo de la vida cuando se está en calma.
THETA	4-8 Hz	UNA VENTANA PEQUEÑA. Antes de dormir y al despertar, inconsciente sugestionable, meditación.	Mundo interior, mente.	A lo largo de toda la vida.
DELTA	0.2-4 Hz	SUEÑO REPARADOR. Procesos fisiológicos automáticos, meditación.	Apagado.	A lo largo de toda la vida.
	30-90 Hz	SUPER-	Mundo interior, mente.	Encontradas principalmente de 0 a 2 años. + A lo largo de toda la vida en actividades específicas como la meditación.

Durante el día, en la vida adulta, el cerebro genera ondas *Beta*. Estas las empezamos a producir desde los siete años en adelante. Nos mantienen en un estado de alerta y supervivencia, donde el enfoque está completamente en los estímulos externos. Tan pronto percibimos la luz en las mañanas, el cerebro empieza a producir serotonina. Te activas, abres los ojos y comienzas a operar en ondas *Beta*.

Antes de los siete años, el cerebro produce ondas *Alfa*. Hay una interacción dinámica entre los estímulos externos y el mundo interior. Durante este proceso, el cerebro está relajado, le es fácil imaginar, acceder a la memoria, integrar información y enfocarse. Esto no solo ocurre cuando somos niños. También cuando estamos en calma, aprendiendo algo, leyendo un libro, viendo una película, cuando hay una interacción entre estímulos externos y el mundo interior.

Desde los cero a siete años de edad, estamos absorbiendo todo lo que nos rodea. Recibimos estímulos externos y los integramos a nuestro mundo interior. A esa edad, no tenemos la capacidad de discernir. Básicamente, somos una esponja; y es ahí cuando formamos nuestras primeras creencias. Muchas veces, tenemos ideas muy arraigadas con las que no estamos de acuerdo de grandes, y es porque son cosas que absorbimos de otros en este período. Si entiendes de dónde viene aquello en lo que crees, te será más fácil cambiarlo.

Luego, están las ondas *Theta*. Estas las producimos por un período de tiempo muy corto que sucede justo antes de dormir y apenas despertamos. El enfoque está en el mundo interior. Estamos entre dormidos y despiertos, con el cuerpo superrelajados. La mente consciente está tan serena que no trata de controlarlo todo, no hay juicios ni prejuicios, pero sigue operando, por lo que tenemos un acceso menos restringido al inconsciente. Se considera que, en este momento, hay una ventana para plantar cosas a nivel inconsciente y acceder a ese conocimiento infinito que tenemos dentro de nosotros. Sigmund Freud hablaba sobre la teoría del *iceberg*, en la que la mente consciente es solo la punta del mismo. Digamos que es el 5 %; y el otro 95 % bajo el agua, desconocido y profundo, es la mente inconsciente.

¿Te pasa que recuerdas cosas importantes antes de dormir, o dónde dejaste algo que "habías perdido", o ves soluciones a problemas, o hasta tienes ideas geniales, justo cuando se te están cerrando los ojos? Es porque en esos veinte minutos antes de quedarte dormido —y también en esos veinte minutos recién despertado— estás operando en ondas *Theta* y le estás dando la oportunidad a tu subconsciente de pasarte información sin filtro.

Me emocioné mucho cuando descubrí que Thomas Edison no solo sabía sobre esta ventana al inconsciente, sino que también la utilizaba. Él tenía "el truco de la siesta" para resolver problemas. Se dice que tomaba siestas en un sillón, sosteniendo una bola de metal con un plato en el piso. Cuando comenzaba a quedarse dormido, la bola caía en el plato y el sonido lo despertaba. Así evitaba entrar en un sueño profundo y podía estar en esa ventana durante más tiempo.

Por eso, es recomendable leer las afirmaciones justo en estos momentos. Tu mente no estará ocupada en modo supervivencia, ni creará resistencia, y recibirá lo que le des a nivel subconsciente. Es ahí donde están arraigadas tus creencias. Además, los primeros minutos al despertar determinan cómo será tu ánimo el resto del día. Si abres los ojos e instantáneamente piensas en el *email* que tienes que enviar, el trabajo o cualquier problema, estás desperdiciando una oportunidad para programar tu mente de manera positiva. Le estás diciendo al cerebro que pase automáticamente al modo supervivencia. Y es muy probable que te sientas así el resto del día.

Si en cambio, al despertar, te tomas unos minutos para sentir agradecimiento, escribir tus emociones, visualizar o leer afirmaciones, incluso hacer una meditación corta de "escaneo corporal", estarás dándole instrucciones al cerebro para mantenerse en calma y reconocerte, más allá de tus labores diarias. Este hábito te permite entender que eres mucho más que tus problemas y le estás afirmando al universo que es posible elegir qué sentir y qué crear.

Continuando con las ondas cerebrales, las siguientes, y las más lentas, son las *Delta*. Estas las producimos mientras dormimos. Aquí cualquier acción consciente está apagada y el objetivo es tener un sueño reparador. El cuerpo está relajado y la mente también. Esto le permite al cuerpo llevar a cabo procesos fisiológicos automáticos: reparar, restaurar y descansar.

Finalmente, están las ondas *Gamma*, que, como ves en el cuadro, son las más rápidas de todas. Estas las generas en momentos muy diferentes: cuando somos un bebé, durante la resolución de problemas y cuando meditamos. Cuando el cerebro produce ondas *Gamma*, modula la percepción y la consciencia. El cuerpo está relajado, pero la consciencia está superactiva.

Algo fascinante es que cuando estás en la frecuencia de las ondas *Gamma*, el cerebro produce DMT en pequeñas cantidades, un químico que hace sentir como si estuviéramos soñando o alucinando. Este es el químico que producimos justo antes de morir, que provoca epifanías, momentos reveladores o una revisión de tu vida en segundos. Es el mismo componente de alucinógenos naturales que contiene la ayahuasca, una bebida ceremonial que se usa desde hace siglos en las culturas precolombinas para conectar con tu espíritu y tu propósito de vida. Hoy en día, la gente consume DMT en diferentes formatos como acceso a "la verdad", porque ayuda a generar nuevas conexiones neuronales y, sin duda, puede ampliar la perspectiva de vida.

Cuando meditas, tu cerebro empieza a producir ondas *Gamma*, así que para tener estas experiencias profundas y reveladoras, no hace falta más que cerrar los ojos y mirar hacia adentro. Cuando yo medito, entro en estados de trance en los que viajo a otras dimensiones y tengo acceso a información que, de otra manera, no podría. Estoy segura de que estoy produciendo DMT y, aunque estoy perfectamente sana y viva, es como si tuviera experiencias cercanas a la muerte con frecuencia. No digo esto para que te compares conmigo. Como dije antes, cada quien tendrá la experiencia que necesite. Lo menciono para que sepas que tienes una herramienta para acceder a estados de claridad, sin absolutamente nada externo.

En nuestro día a día, todos producimos ondas *Gamma*, pero por períodos muy cortos. Cuando meditamos, extendemos la producción de estas por más tiempo. Nos relajamos, y le permitimos al cerebro producir químicos diferentes para tener un efecto positivo en nuestra percepción y estado de ánimo.

¿Te ha pasado que ves a alguien lograr algo en tiempo récord, pero cuando tú lo intentas, no fluye de la misma manera? Esto es porque los primeros estaban haciendo algo auténtico y relacionado con su propósito de vida, singular e irreplicable.

ALGUIEN TE PUEDE INSPIRAR, PERO INCLUSO SI TRATAS DE HACER LO MISMO, LO HARÁS DIFERENTE, PORQUE ERES UN CONJUNTO DE CÉLULAS ÚNICO, IRREPETIBLE, CON UN CONTEXTO, PERSPECTIVA Y HABILIDADES ESPECÍFICAS.

Si intentas imitar o hacer las cosas igual a los demás, probablemente no fluirán de la misma manera que si haces algo 100 % honesto contigo, con lo que te emociona. Algo auténtico.

Aquí entra la meditación. Meditar te ayudará a escucharte y a encontrar esas cosas que son genuinas para ti; a conectar con tu esencia y tu espíritu; te llevará a vibrar en la frecuencia única que tiene cada quien y esto, sin duda, acelerará cualquier manifestación que esté relacionada con tu propósito.

LAS EMOCIONES

CAPÍTULO 5

Algunos piensan que manifestar es atraer cosas hacia ti. Esto es verdad, pero está incompleto. Manifestar conscientemente es encontrar quién eres para poder alinearte con tu esencia más auténtica, vibrar en lo que más te emociona, ***sentir lo que quieres como si ya estuviera en tu vida***, para —ahora sí— atraer lo que esté en esa misma frecuencia.

El cuerpo es una vasija, un contenedor para nuestras partes. Tú eres una consciencia (alma o espíritu) que eligió este cuerpo, que incluye una mente y unas emociones. Todos son parte de ti, no eres solo uno de ellos. A esto se refiere la idea de "no soy mis pensamientos, no soy mis emociones, soy un observador". Y es que tu espíritu es tu *yo verdadero*, que convive con la mente y emociones dentro de esa vasija.

Cuando no sabes de esta coexistencia, puedes confundirte y dejarte llevar por pensamientos o emociones que estás teniendo, pero que no son tú como totalidad. Por ejemplo, tienes un ataque de ansiedad y solo te enfocas en lo que te preocupa. En ese momento, todo tu ser y sus partes se alinean con la ansiedad. Todo lo demás deja de existir y te conviertes en esa emoción. Aunque la sientas realmente fuerte, ¿tú eres esa ansiedad? No, eres una consciencia que vino a tener una experiencia humana, que está en un cuerpo que tiene una mente con pensamientos ansiosos en ese momento. Tú no **eres** la ansiedad o eres ansioso, tú **tienes** ansiedad y elijes si dejarte llevar por ella o no.

¿Qué tienen que ver las emociones con manifestar? Son el elemento más importante por dos razones que mencionaré y elaboraré: 1) Son un sistema de guía que nos indica si lo que estamos haciendo es auténtico con nuestro propósito y con nuestro *yo verdadero*. 2) Las emociones determinan nuestra vibración y, desde ellas, atraemos y nos alineamos con cosas similares.

LAS EMOCIONES COMO GUÍA

Las emociones son un sistema de guía que tenemos en nosotros. Esther-Abraham Hicks, autora de más de ocho libros relacionados con espiritualidad y la ley de atracción, lo explica de la siguiente manera:

> Imagina que quieres ir a un lugar, pero no sabes cómo llegar. Tienes un carro y tienes un GPS. Pones el nombre del destino en el GPS. Este se conecta con un satélite que dará la información, tú la interpretarás mientras manejas el carro. Si en el camino te desvías o te pierdes, el GPS te indicará

que algo no está bien y te mostrará una nueva vía. Ahora, imagina que tus emociones son el GPS y tu *yo superior*, el satélite. Escuchando tus emociones, tendrás indicaciones de a dónde ir y de si estás en el camino correcto (para ti).

Tus emociones están ahí por una razón. Cuando algo se siente bien, siendo honesto contigo, probablemente esté relacionado con tu propósito. Las cosas que te emocionan **no** son casualidad; y si las escuchas, te acercarás a quien eres realmente. Contrario a lo que la sociedad dice, estás aquí para sentirte bien. No importa lo que "tienes" que hacer, sino lo que <u>quieres</u> hacer. Estás aquí para disfrutar cada cosa que hagas, sin importar nada, ni nadie más. Ya sé, tal vez pienses que es egoísta, pero es la única manera de poder aportar al mundo desde quien viniste a ser.

MUCHOS ASOCIAN SENTIRSE BIEN CON PLACER. ACLARO: SENTIRSE BIEN IMPLICA TRAER BIENESTAR. EL PLACER ES PASAJERO Y SUPERFICIAL; EL BIENESTAR ES DURADERO Y DE RAÍZ. ¿QUÉ ASOCIAS CON SENTIRTE BIEN? ¿ALCOHOL, SEXO, DROGAS? PASAJERO. ¿SALUD, CONOCIMIENTO, AMOR PROPIO? DURADERO.

Velo así: imagina que dos personas representan dos vasos vacíos, por más que uno desee profundamente compartir agua con el otro, no va a poder porque están vacíos. Si te ocupas 100 % de ti, de lo que te hace bien y feliz, vas a recargarte de energía, vas a llenar tu propio vaso de agua para poder compartirlo y ayudar a otros. Además, los que te rodean son un reflejo de ti mismo. Cuando eres capaz de amarte y apreciarte, inevitablemente, proyectarás esto en otros. Amarás y apreciarás a los demás y atraerás relaciones genuinas con gente similar.

LAS EMOCIONES A LA HORA DE MANIFESTAR

Principalmente, manifestamos desde nuestras emociones. Muchos creen que solo atraemos aquello en lo que pensamos. Sin embargo, atraemos lo que sentimos. Joe Dispenza dice que somos un sistema de emisión y recepción, que con nuestra mente enviamos señales (plantamos semillas) y con nuestro corazón, las atraemos. Es decir, cuando piensas en algo, le envías energía y lo alimentas con tu atención. Si a eso le agregas una emoción, esta empieza a vibrar en una frecuencia específica y gravita hacia todo lo que esté en esa misma frecuencia.

Por ejemplo:

- <u>Pienso</u> que quiero un trabajo nuevo. Analizo el que tengo y, la verdad, es que el tiempo que invierto no se corresponde con la paga. Al pensar:

"Quiero un trabajo nuevo", estoy enviando una señal con mis pensamientos y activando un sensor en mi subconsciente para buscar cosas vinculadas a eso.

- Siempre he querido trabajar en proyectos relacionados con el medio ambiente. Eso es lo que realmente deseo en mi corazón. Al imaginarlo, <u>me siento</u> plena, motivada y feliz. Al sentir todo esto, estoy vibrando en esas emociones y atraeré cosas que estén en esa frecuencia.

- <u>Tomo acción</u>. Existe algo llamado *acción inspirada*, que es cuando tomo acción, partiendo de una motivación genuina, en mi intuición, sin pensar en lo que "tengo" que hacer, sino en lo que quiero hacer. Por ejemplo, aplico al trabajo de mis sueños. Hago esto basado en la emoción que me genera, y es tan honesta, que ni siquiera mis creencias limitantes entran en juego.

RESULTADO: Atraerás un trabajo que te haga sentir justo como lo estás imaginando. Crearás algo similar a donde estás poniendo tu atención. Llegará a ti la persona, situación, u oportunidad que te acerque a eso que <u>sentiste</u>.

El universo está a tu merced, esperando que sientas algo para complacerte y apoyarte en lo que elijas. Si estás listo para recibirlo, sea positivo o negativo, llegará. En el ejemplo anterior, tanto pensamientos, como emociones y acciones, eran coherentes entre sí. Pero,

¿qué pasa cuando lo que sientes no está alineado con lo que piensas? ¿Qué atraes, entonces? Siempre atraes lo que sientes. Mira lo que pasa en la misma situación, pero sin coherencia entre lo que piensas y sientes:

- Pienso que quiero un trabajo nuevo (todo igual al ejemplo pasado).

- Siento que no quiero este trabajo que tanto odio, que no quiero que me exploten y que no quiero estar aquí. Siento incomodidad, que no estoy en el lugar correcto y que la gente se aprovecha de mí. Estoy vibrando en la emoción que me hace sentir esto y estoy atrayendo lo que vibre en esa misma frecuencia.

- Tomo acción. Probablemente tome una acción inspirada en lo incómodo que me siento. En vez de evaluar las oportunidades diferentes a lo que estoy viviendo, crearé algo similar en donde esté poniendo mi atención.

RESULTADO: Llegará a ti una persona, situación, u oportunidad que vibre con lo que ya tienes, alineado con cosas que no te hagan sentir bien. Nuevamente, donde pones tu atención, pones tu energía. Si tu atención está en lo que ya no quieres, eso es lo que estarás alimentando, vibrando y atrayendo.

Por eso es tan importante escucharte y hacer un trabajo de autoconocimiento. Si pones tu atención en lo que ya tienes, pero no quieres eso, es lo que seguirás creando. Si alguna de estas frases te resuena, es hora de mirar hacia adentro para encontrar lo que te motive y apasione:

- *Quiero escapar de mi realidad.*
- *Quiero algo diferente.*
- *Quiero cambiar.*
- *Detesto mi presente.*
- *Quiero dinero.*

Sintiendo inconformidad, que no eres suficiente, odio o descontento, estarás vibrando en esas emociones y estarás atrayendo más de lo mismo. En cambio, si conoces lo que te emociona, sabes cómo se ve y puedes visualizarlo hasta vivirlo, elevarás tu vibración para alinearse con eso que viene directamente del corazón. La idea es que empieces a resonar con frases como:

- *Me siento libre.*
- *Me apasiona.*
- *Amo mi presente y mi realidad.*
- *Soy suficiente.*
- *Vivo en abundancia.*

TABLA DE EMOCIONES Y SU VIBRACIÓN

David R. Hawkins, doctor en medicina y filosofía, reconocido investigador pionero en el campo de la consciencia, psiquiatra y científico, estudió por más de veinte años la energía, la consciencia, las emociones y la mente. Hawkins publicó una tabla donde mide las emociones y su frecuencia.

Existen emociones de vibración alta que tienen un efecto de expansión (te ayudan a crecer y evolucionar) y emociones de vibración baja que tienen un efecto de contracción (limitan tu evolución). Aquí te dejo una lista de emociones, desde la más alta a la más baja, inspirada en los estudios de David R. Hawkins:

EFECTO	FRECUENCIA	EMOCIÓN (DE + A -)	BASADA EN
Expansión	700+ 600 540 500 400 350 310 250 200	Iluminación Paz Alegría Amor Razón Aceptación Entusiasmo Neutralidad Coraje	Basadas en amor
Contracción	175 150 125 100 75 50 30 20	Orgullo Ira Deseo Temor Sufrimiento Apatía Culpa Vergüenza	Basadas en miedo

*Si quieres ver la tabla original, puedes buscarla como "Mapa de Consciencia de David R. Hawkins".

Puedes imaginar que cada emoción tiene una onda como la del sonido. Mientras más baja, más pesada y más lenta. Mientras más alta, más liviana y más rápida. En un mismo período de tiempo puedes tener cierta cantidad de eventos. Si estás vibrando en una frecuencia más alta, sentirás que las cosas se aceleran, que todo es más ligero y que pasa más rápido. Si, en cambio, estás vibrando en una frecuencia más baja, sentirás todo más pesado, más lento y denso.

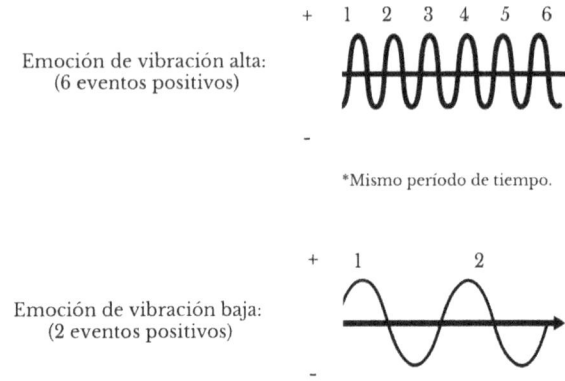

Emoción de vibración alta: (6 eventos positivos)

*Mismo período de tiempo.

Emoción de vibración baja: (2 eventos positivos)

Aquí hay aspectos importantes para reflexionar:

Las emociones más bajas son la culpa y la vergüenza. Es normal sentirlas. Lo que no es natural es quedarse estancado en esas emociones. En ocasiones, la culpa tiene bases reales (cometimos un error), pero otras veces surge a modo de autocastigo por falta de seguridad en nosotros mismos, o como un patrón familiar aprendido. De cualquier manera, es una emoción pesada, basada en miedo y juicio, que no nos permitirá crear cosas elevadas.

Si operas desde la culpa, solo atraerás más personas, situaciones o cosas que continúen haciéndote sentir culpable.

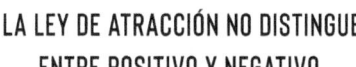

LA LEY DE ATRACCIÓN NO DISTINGUE ENTRE POSITIVO Y NEGATIVO.

Lo que sientes, lo atraes y replicas. Si te identificas con la culpa, piensa en esto: cuando juzgas lo que haces, estás afirmando que solo hay una manera "correcta" de hacer las cosas y que no hay espacio para el aprendizaje.

Estás aquí para aprender y has elegido cada situación, persona o cosa para que sean tus maestros. Lo que suceda será para ayudarte a crecer. Lo que haya ocurrido en el pasado, ya no existe. Lo único que existe es el presente y las lecciones que se quedan contigo. Todo puede ser diferente desde ESTE momento en adelante. Lo único que importa es cómo te sientes ahora y desde aquí crearás tu realidad.

Si estás sintiendo emociones de baja vibración, no te preocupes. No significa que siempre te vas a sentir así. De hecho, no te juzgues. Lo mejor que puedes hacer es reconocer esa emoción, sentirla, procesarla y, cuando sea posible, dejarla ir.

Reconocer y etiquetar tus emociones reduce el nivel de estrés en tu cerebro. En su libro *Neurociencia para vencer la depresión: La espiral ascendente*, Alex Korb habla sobre un estudio en el que le mostraron a los participantes fotos de personas sintiendo emociones negativas: ira, tristeza, miedo. A través de una resonancia magnética del cerebro de los participantes, notaron que, al ver estas emociones en otras personas, se activaba la amígdala y empezaban a producir cortisol (la parte del cerebro relacionada con el sistema emocional que produce la hormona del estrés). A esto le siguió la pregunta: "¿Cuál es la emoción que ves?". Justo cuando los participantes identificaban y etiquetaban la emoción, se reducía instantáneamente la actividad en la amígdala y decrecía la producción de cortisol.

SOLO CON IDENTIFICAR LAS EMOCIONES, ESTÁS DISMINUYENDO TUS NIVELES DE ESTRÉS Y SERÁ MUCHO MÁS FÁCIL ELEVAR TU VIBRACIÓN.

Esta es solo una razón más para tomarte el tiempo de escucharte y conocerte, de convivir con esos habitantes de tu vasija de la manera más honesta posible.

Hay modos muy fáciles de elevar la vibración. Esto es muy útil a la hora de manifestar, porque atraemos desde la emoción en la que estemos vibrando. Además, generalmente lo que queremos es la emoción positiva que una manifestación física nos da. Cuando piensas que quieres manifestar dinero, lo que realmente quieres es sentirte libre y en paz; y como atraes lo que sientes, si te dedicas a sentirte libre y en paz, es lo que llegará a ti.

Esther-Abraham Hicks también hace referencia a esta tabla de emociones que vimos. Su recomendación es subir la vibración progresivamente, escalando desde la emoción en la que estés hasta la que quieras llegar.

Por ejemplo, si sientes vergüenza, pasa de la vergüenza a la culpa y reconócete como responsable. Luego, piensa en que lo que hayas hecho ya no importa porque es un instante en tu infinita existencia. Lo único que importa es lo que hagas de ahora en adelante. Así pasas de la culpa a la apatía. De esta forma, puedes ir subiendo poco a poco por la tabla de emociones. Tal vez puedas saltarte un par y es una manera consciente de ir reconociendo tus emociones y elevando tu vibración.

A veces es difícil salir de emociones de baja vibración porque hemos sido condicionados por nuestro contexto, hemos absorbido patrones y creencias de los que nos rodean, y no hemos experimentado, realmente, el tan liberador **amor propio**. Lo menciono porque, desde el amor propio, es mucho más fácil aceptarse y vivir sin juzgarse, sin importar la emoción en la que estés; desde ahí es que nace nuestra confianza para creer que todo es posible.

En mi linaje hay una culpa que se ha heredado de generación en generación, e inevitablemente yo operaba desde la forma en la que fui condicionada a ser. Por mucho tiempo, viví sintiéndome culpable todo el día, todos los días, hasta por las cosas más insignificantes; y antes de trabajar en mí, lo que hacía era juzgarme y pensar que había algo malo conmigo. Me sentía culpable por no ser productiva todo el tiempo, por comer, o por no comer, por trabajar y por no trabajar. Nada de lo que hiciera me permitía sentirme en paz. Nada más lejos de la realidad. No ocurría nada malo en mí, ni en lo que hacía. Lo único fuera de lugar era mi falta de aceptación, mi carencia de amor propio y la percepción que tenía sobre mí.

Un reflejo de tu amor propio es la forma en la que te hablas a ti mismo. Piensa, por ejemplo, cuando te equivocas: ¿cuáles son las palabras que te dices?, ¿cómo es tu diálogo interno? Estas son las respuestas más comunes que he encontrado entre las personas que no han hecho las paces consigo mismas: "Qué pendejo", "ay, qué idiota que hice esto", "la cagué otra vez". Si esto te resuena, debes trabajar en la relación contigo.

Esther Abraham-Hicks dice: *"You will never get it wrong, because you'll never get it done"*, que significa: "Nunca puedes hacer las cosas mal, porque nunca terminas de hacerlas". Es decir, tu proyecto de vida dura toda tu vida y cada cosa que hagas es solo un capítulo del libro completo de tu existencia. Así que, cuando te equivocas, no es tan importante como crees. Viniste a aprender, y la mayoría de los éxitos que tengas serán gracias al ensayo y error.

LA AUTOCOMPASIÓN Y ACEPTACIÓN
TE LIBERARÁN DE TODA CULPA.

Cuando te valoras y aprecias, es más fácil tener una perspectiva un poco más objetiva de ti. La idea no es evadir las emociones negativas, sino reconocerlas, sentirlas y enfocarte en lo que puedas aprender de la situación, más allá de juzgarte.

Dejé de sentirme culpable cuando el merecimiento llegó a mi vida; cuando me di cuenta de que merezco hacer todo lo que quiera, como quiera; que merezco cuidarme y tener mis propios límites con el trabajo y con los demás; que merezco ser amada por otros, pero principalmente por mí misma; que soy perfecta tal y como soy, porque tengo todo para sentirme plena; y lo que no tengo, lo puedo aprender o transformar. Dejé la culpa a un lado el día que vi que mi valor no dependía de cuán productiva fuese, del trabajo que hiciera, del peso que tuviera, de cómo me veía o de lo que los demás dijeran de mí.

Trabajar en el autoconocimiento me permitió identificar mis emociones y mis creencias limitantes. Yo creía que si no hacía lo que todos esperaban de mí, entonces estaba "haciéndolo mal"; cuando en realidad, lo único que sí importa es hacer lo que uno ama, lo que le apasiona y siempre dar lo mejor.

Empecé a usar una afirmación que me ayudó con esto. La repetí todos los días al despertarme, hasta que empecé a creérmela: "Hago todo bien". Con el tiempo, fui cambiando mi percepción de mí, hasta tal punto que mi conversación interna se tornó amorosa y compasiva. En vez de decir "qué pendeja" cuando me equivocaba, empecé a afirmar: "Quizá pueda hacer esto de manera diferente la próxima vez. ¿Qué puedo aprender de esta situación?". Hoy en día, aprendí a tratarme con tanto amor como trato a los demás. De esta manera, es mucho más fácil mantenerme en emociones de vibración alta y salir de las emociones densas cuando es el momento adecuado. Y así he manifestado, literalmente, todo lo que he querido.

Cuando sientas emociones de baja vibración, primero sé compasivo contigo, recordando que **estás haciendo lo mejor que puedes**, que todo esto es un juego y que todo pasa. Transitar emociones de baja vibración desde la compasión te ayudará a tener una vida más plena. Permítete sentir y disfrutar tu día a día, y recuerda que eres merecedor de todo lo que tienes y quieres.

Aquí te comparto un ejercicio para desarrollar tu amor propio y elevar tu vibración instantáneamente. Encuentra un lugar tranquilo en el que te sientas a gusto, preferiblemente privado. Siéntate en una posición cómoda y haz tres respiraciones de la siguiente manera: inhala en cuatro segundos, aguanta el aire siete segundos y exhala en ocho segundos. Repite esto tres veces o hasta que te sientas relajado.

Cierra los ojos y piensa en la persona que más amas en el mundo; alguien por quien sientas un amor muy profundo; puede ser un familiar, tu pareja, un amigo, tus padres o hijos. Imagina que esa persona está frente a ti. Piensa en sus ojos, su sonrisa, su voz. Disfruta de su presencia. Conecta con el espacio de tu pecho en el que sientes amor y visualízalo como luz. Mira cómo envías amor a esta persona. Imagina un rayo luminoso que sale de tu corazón y envuelve al otro con esta luz. Dile estas palabras en tu mente: "Que seas feliz, que estés en paz, que estés a salvo, que ames y seas amado". Respira profundo y, cuando exhales, esta persona se desvanecerá.

Ahora imagina a una persona que hayas visto en la calle recientemente, una persona que no conozcas, pero con la que hayas cruzado miradas y hasta una sonrisa. Alguien en el metro, la cajera del supermercado o de tu trabajo. Reconecta con ese espacio de tu pecho en el que sientes amor. Imagina un rayo de luz que sale de tu corazón y envíalo a la otra persona. Dile estas palabras en tu mente: "Que seas feliz, que estés en paz, que estés a salvo, que ames y seas amado". Respira profundo y, cuando exhales, esta persona se desvanecerá.

La compasión es una habilidad que se entrena. Mientras más la practiques, más rápido se volverá parte de tu forma de ser. Esto que estamos haciendo es una meditación que se llama *Loving-Kindness (Amor Bondadoso)*, practicado por budistas desde hace 2.500 años para activar la compasión.

Sigamos. Imagina a una persona con la que hayas tenido problemas, alguien que sea un reto para ti, con quien te cueste relacionarte o que incluso te haya hecho daño. Piensa que así como tú eres humano y mereces estar en paz, esta persona también lo es; también se equivoca y merece estar en paz. Reconecta con ese espacio de tu pecho en el que sientes amor y que ya está activado. Desde ese amor que estabas sintiendo, imagina un rayo de luz que sale de tu corazón y envíalo a la otra persona. Dile estas palabras en tu mente: "Que INCLUSO TÚ seas feliz, que INCLUSO TÚ estés en paz, que INCLUSO TÚ estés a salvo, que INCLUSO TÚ ames y seas amado". Respira profundo y asimila lo que acabas de hacer, y cuando exhales, esta persona se desvanecerá.

Inhala profundamente y ahora imagínate a ti mismo, justo de frente. Visualiza tus ojos y tu sonrisa. Reconecta con ese espacio de tu pecho en el que sientes amor e imagina un rayo de luz que sale de tu corazón. Envíalo a la otra persona (que eres tú mismo). Di estas palabras en tu mente, dirigiéndolas hacia ti: "Que seas feliz, que estés en paz, que estés a salvo, que ames y seas amado". Asimila lo que acabas de hacer, te estás reconociendo como un ser que merece todo en esta vida, y es que mereces ser amado y ser feliz. Respira profundo, y cuando exhales, esta imagen de ti se desvanecerá.

Visualiza una cosa más. A todos los seres del universo, a cada niño, adulto y ser vivo de este planeta. Imagínalos en frente de ti. Tu habilidad de compasión ya está activa y latente. Conecta con ese espacio en tu corazón desde el que sientes amor y diles estas palabras en tu mente: "Que sean felices, que estén en paz, que estén a salvo, que amen y sean amados". Respira profundo y tómate unos segundos para identificar cómo te sientes. Compara cómo te sentías antes y cómo te sientes ahora. Qué sensaciones y emociones tienes en el cuerpo después de haber enviado amor y compasión a un ser querido, a un extraño, a alguien que es un reto, a ti mismo y al mundo entero.

Agradécete por haberte tomado el tiempo y espacio para conectar con la compasión que late dentro de ti y que quizá necesite ser practicada. Lee esta afirmación: "Tengo todo lo que necesito dentro de mí. Agradezco mi vida y me agradezco por estar aquí. Me conozco cada vez más y me amo profundamente".

LA COMPASIÓN ES COMO UN MÚSCULO: ES ALGO QUE SE ENTRENA. MIENTRAS MÁS COMPASIVO ERES HACIA TI Y HACIA LOS DEMÁS, MÁS FÁCIL SERÁ TRANSITAR EMOCIONES DE TODO TIPO, SIN JUZGARTE, Y MANTENER TU VIBRACIÓN ALTA PARA ATRAER LO SIMILAR.

Seguro has escuchado sobre la ley de vibración y la ley de atracción. La ley de vibración dice que todo está vibrando, incluso los seres humanos. Y la ley de atracción afirma que las vibraciones similares se atraen y alinean; que los pensamientos vibran de una manera específica y atraen cosas, personas, situaciones, etc. Puedes no creer en la ley de gravedad, pero eso no significa que flotarás por los aires. Estas leyes son iguales. Creas en ellas o no, igual tendrán un efecto en ti.

"Si miramos en la escala microscópica, las moléculas de cualquier material nunca están quietas. Los átomos que las componen vibran sin parar". Información basada en el trabajo de investigación de Fernando Stefani, ingeniero de materiales, egresado del Instituto Sábato de la CNEA (Comisión Nacional de Energía Atómica) e investigador en el Departamento de Física de la Facultad de Ciencias Exactas y Naturales de la UBA (Universidad de Buenos Aires).

Somos seres hechos de partículas que vibran constantemente, que funcionan con impulsos electromagnéticos, y que generan un campo con información desde y alrededor de nosotros.

Annie Marquier, matemática e investigadora de la consciencia, habla sobre nuestro campo electromagnético. Explica que "el campo magnético del corazón se extiende alrededor del cuerpo entre dos y cuatro metros, es decir, que todos los que nos rodean reciben la información energética contenida en nuestro corazón".

Al igual que el cerebro genera ondas electromagnéticas, el corazón también lo hace. Nuestro campo electromagnético general, como persona, se crea por la suma de ambos. Algo muy interesante es que este campo cambia en función de nuestro estado emocional y no solo en función de nuestros pensamientos.

Citando nuevamente a Annie Marquier: "Hay dos clases de variación de la frecuencia cardiaca, cuando tenemos emociones y pensamientos positivos, elevados y generosos, la frecuencia es armoniosa, de ondas amplias y regulares. Cuando tenemos miedo, frustración o estrés, nuestro campo electromagnético puede volverse caótico, con ondas desordenadas e irregulares. Ambas cosas se proyectan en el mundo exterior".

Lo que sientes tiene un impacto en tu realidad. Por muy ilusorio que suene, estoy segura de que lo has experimentado. Por ejemplo, estás molesto, atraes discusiones; quizás estés un poco torpe, te cuesta concentrarte, chocas o te chocan en el tráfico. La desarmonía en tu corazón genera y atrae desarmonía en todo lo que te rodea.

Según Marquier, el campo magnético del corazón es miles de veces más poderoso que el del cerebro, por lo que, nuevamente, es de suma importancia reconocer y conectar con tus emociones.

Además de usar tus emociones para tu beneficio, debes saber que estas afectan a los demás. Tu existencia tiene un impacto en las personas que te rodean. Creo que te he dado suficientes razones para concentrarte en sentirte bien, pero te doy una más: sentirse bien puede cambiar el mundo. Hawkins, el mismo que creó esta tabla de emociones, dice, basado en sus experimentos y estudios:

> Una persona que vive y vibra optimismo, y no critica a los demás, sirve de contrapeso a 90.000 personas de baja energía. Una persona que vive y vibra amor y respeto sirve de contrapeso a 750.000 personas de baja energía. Una persona que vive y vibra energía de iluminación, dicha y paz infinitas, sirve de contrapeso a 10.000.000 de personas de baja energía. Un individuo que vive y vibra la

energía de la gracia y el espíritu puro, sin conflictos y dualidades, sirve de contrapeso a 70.000.000 de personas de baja energía.

Entonces sí, puedes cambiarte a ti y al mundo, solo con elevar tus emociones.

En parte, es por eso que somos los creadores de nuestra realidad: porque generamos a partir de lo que creemos y de lo que sentimos. El mejor reflejo de lo que estamos sintiendo es nuestro mundo exterior. Si tu presente no es de tu agrado, pon atención a lo que está pasando dentro de ti. Cuando algo no fluye, debes escucharlo y preguntarte: ¿qué estoy sintiendo, que está atrayendo esto? Cuando no estás manifestando lo que quieres, obtienes el mejor indicador de que no estás sintiendo emociones alineadas con esa manifestación deseada. Pregúntate: ¿qué está desalineado entre lo que quiero, lo que pienso y lo que hago? ¿Esto es lo que realmente quiero hacer? ¿O estoy imitando a otros? ¿Estoy siguiendo lo que me emociona o me limito a actuar de acuerdo a lo que creo que los demás esperan de mí? ¿Estoy haciendo lo que mi corazón desea o lo que creo que tengo que hacer?

**TÚ ESTÁS MANIFESTANDO 24/7
PORQUE ESTÁS SINTIENDO 24/7.**

Y aunque las cosas a veces no sean color de rosas, debes saber que todo siempre está funcionando a tu favor, aunque parezca que no. Siempre estás siendo guiado a vivir algo que te enseñará una lección y te ayudará a crecer. El extra que podemos sumar a la ecuación es que si te enfocas en lo positivo, pase lo que pase, le sacarás el máximo provecho a absolutamente todo lo que atraigas. Al tener una perspectiva de observador, en vez de víctima, instantáneamente vivirás en un mundo lleno de propósito.

Las víctimas tienen cero poder en el contexto que las victimiza. En el momento en el que te responsabilizas por tus emociones y reacciones, te conviertes en el personaje principal, el héroe que renuncia a lo conocido para aventurarse a lo desconocido, lleno de infinitas posibilidades. Simultáneamente, pasas a ser el escritor y director de tu historia. Tú eliges qué tomar de los demás. Si buscas evidencias de que todo está funcionando a tu favor, las encontrarás.

Atraemos armonía sintiendo armonía. Atraemos amor sintiéndonos amados. Atraemos abundancia sintiéndonos abundantes. Y, ¿cómo podemos sentir esas emociones? Apreciando lo que ya tenemos y somos. Si te cuesta sentirte abundante, por ejemplo, en vez de decir "soy abundante" sin sentirlo, puedes transformarlo en una pregunta: "¿Por qué soy abundante?", y contestarte: "Soy abundante porque tengo un lugar donde vivir. Porque tengo qué comer todos los días. Soy abundante porque estoy rodeado de gente increíble. Porque tengo un sueldo todos los meses. "Soy abundante porque...", y poco a poco, te vas a dar cuenta de que ya eres eso que quieres, que puedes creerlo y sentirlo, y que puedes atraer más de lo mismo.

Hay un capítulo dedicado a las afirmaciones, pero te quiero adelantar esto. Si escribes una afirmación, pero no crees lo que dices, no importa cuántas veces la repitas. **Atraerás lo que sientes, no lo que dices**. Además de las emociones, tenemos otro superpoder: la atención. Úsala como tu aliada todos los días, ponla en lo positivo, en lo que te gusta, en los detalles que te hacen sentir pleno y en paz.

Si pones tu atención en las cosas que no te gustan, eso es lo que alimentarás con tu energía, y, por ende, es lo que terminarás atrayendo. ¿Cómo tener la vida que deseas, si no anhelas más que dejar de tener *lo que tienes ahora*? Lee esto de nuevo, y contesta estas preguntas, pensando detenidamente:

- ¿En dónde estás poniendo tu atención? *En lo que tienes ahora, que no te gusta.*

- ¿Qué alimentarás con tu energía? *Lo que tienes ahora, que no te gusta.*

- ¿Qué atraerás quejándote y sintiéndote inconforme? *Lo que sientes ahora, que no te gusta.*

CÓMO ELEVAR TU VIBRACIÓN

Vibrando emociones altas te sentirás bien, pensarás con claridad, será más fácil tomar decisiones y disfrutar lo que sea que hagas. Estas son algunas formas de elevar tu vibración:

1. Hacer algo que te gusta, un *hobby*, o algo que ames y disfrutes genuinamente.

2. Sentir agradecimiento. (Dato curioso: Alex Korb, Ph. D., neurocientífico, coach de vida y autor reconocido, menciona que el agradecimiento eleva las hormonas de la felicidad, tanto la dopamina como la serotonina).

3. Escuchar música de vibración positiva. Por ejemplo, busca en *YouTube*: Frecuencia 432 Hz, 852 Hz, sonoterapia o *sound healing*.

4. Meditar.

5. Escalar la tabla de emociones, hasta sentirte bien.

EJERCICIO PARA USAR LAS EMOCIONES COMO GUÍA

Este ejercicio te va a ayudar a identificar lo que te emociona. Ahí encontrarás respuestas relacionadas con tu propósito de vida (necesitarás cuaderno y bolígrafo, o puedes usar la sección de notas al final del libro).

Piensa en una situación que viviste que te emocionó de forma profunda, algo que disfrutaste muchísimo, algo que genuinamente hizo saltar tu corazón de alegría. Una vez que tengas la situación, visualiza cada detalle y trata de identificar qué sientes en tu cuerpo. ¿Sientes algo en tu pecho, en tu estómago, piernas o brazos? Una vez que identifiques qué se siente y en dónde, toma estas sensaciones y catalógalas como "emocionantes".

Ahora imagina esto. Tienes todo el dinero del mundo, puedes hacer lo que quieras, nada te ata, nada te detiene, nada te limita y nadie te juzga: ¿qué estarías haciendo? Tómate unos minutos para saborear esto, pero no demasiado tiempo como para sobrepensarlo. Haz una lista de las cosas que te vengan a la mente. Ve imaginando y visualizando una por una, hasta que alguna te haga sentir lo que reconoces como "emocionante". Quizás al principio estés en blanco, o escribas lo que otros esperan de ti, o lo que crees que debes hacer. Deja TODOS los prejuicios a un lado. Sobre todo, los prejuicios y creencias limitantes sobre ti mismo.

Escribe las respuestas pensando que **todo** es posible. Si no encuentras la respuesta inmediata, está bien. Si te detienes a pensar y sentir qué quieres, te aseguro que eventualmente encontrarás respuestas.

Tal vez lo que quieres es una vida simple, pero llena de cosas que amas hacer. A lo mejor quieres viajar o tener tu propio negocio. Lo que anhelas no debe ser medido por nadie más que tú. Tus límites son del tamaño de tu imaginación y de lo que crees posible. "Los pensamientos se convierten en cosas. Si los ves en tu mente, los tendrás en tu mano". - Bob Proctor.

Importante cuando estés definiendo qué quieres:

- Nunca te compares con los demás.
  Las circunstancias de cada uno son únicas, así como lo es también el propósito de vida.

- Puedes empezar por cosas pequeñas que te emocionen. Poco a poco, irás activando tu merecimiento y te sentirás más cómodo haciendo cosas por y para ti.

Por ejemplo: *¿Qué me emociona? Me emociona la playa.*

Ir a la playa es algo bastante general. ¿Por qué hacerlo, entonces? Porque en las cosas que amas está la energía que necesitas para recargarte y hacer todo lo demás. Realizar una cosa que te emociona muy probablemente te lleve a otra cosa que te emocione más. Así irás descubriéndote y encontrando guía. Si te ocupas de que el momento presente sea de tu agrado, irás acumulando momentos valiosos y reconfortantes. Hacer poco a poco cosas que te entusiasmen, te permitirá finalmente hacer siempre lo que te emociona. No solo te acercará a tu propósito de vida, también te hará vibrar en una frecuencia positiva y, automáticamente, atraerás más situaciones positivas.

Vas a la playa. Primero, lo más importante: te vas a sentir bien. Segundo, estás afirmándole al universo que eres un ser que toma acción inspirada. Esto es un ejercicio para escucharte y estarás refinando tu conexión con tu intuición. Estando allá, probablemente te alinees con personas, situaciones u oportunidades que están en una frecuencia similar a la tuya. Quizá conozcas a alguien con quien puedas crear un proyecto. Tal vez, ver el mar te inspire o te dé claridad e ideas nuevas. O simplemente solo necesitabas hacer algo por ti, para recordarte que mereces hacer lo que quieres y que eres libre. Lo que sí es seguro es que regresarás a tu casa sintiéndote recargado.

Lo que te emociona puede ser algo incluso más sencillo. Puede ser dibujar, escribir, salir a caminar, estar en la naturaleza. Una buena forma de descubrir "lo emocionante" es ir haciendo gradualmente lo que te llena e ilusiona, empezando por el camino de menor resistencia, por lo más fácil. Así, entrenas a tu inconsciente para que interprete complacerte como algo que es parte de tus hábitos. La meditación instintiva dice que el estado meditativo es un estado natural que todos experimentamos cada vez que tenemos una vivencia placentera; y que en este estado, la mente se relaja y el cuerpo hace procesos naturales de restauración y autosanación.

HACIENDO LO QUE AMAS, ADEMÁS, ESTARÁS BENEFICIANDO A TU CUERPO.

Por último, te mereces hacer cosas que te gusten y te emocionen. Tú eres lo más importante de tu vida, no tu trabajo, no lo que los demás esperan de ti, no tu familia: TÚ.

Bashar tiene una fórmula basada en lo que te emocione para manifestar/crear la realidad que quieras. Aquí te dejos los pasos:

1. Actúa según tu entusiasmo, tu pasión, lo que sea más emocionante para ti en este momento. Haz esto cada momento que puedas.

2. Haz esto lo mejor que puedas. Llévalo tan lejos como puedas, hasta que no puedas llevarlo más lejos.

3. Actúa según tu entusiasmo/pasión sin ninguna insistencia, suposición o expectativa sobre cuál debería ser el resultado.

4. Elige permanecer en un estado positivo, independientemente de lo que suceda.

Investiga constantemente tu sistema de creencias. Libera y reemplaza las creencias no preferidas: creencias basadas en el miedo y creencias que no estén alineadas con quien prefieras ser.

Según https://www.bashar.org/the-formula/

CREENCIAS Y AFIRMACIONES

CAPÍTULO 6

Nuestras creencias son la forma en la que vemos todo lo que nos rodea. Es lo que creemos que es el mundo. Si creemos en algo, para nosotros esa es la verdad y el mundo es así. Es algo similar a la perspectiva, pero un poco más profundo. No es solo nuestra opinión, sino que están arraigadas a nuestra personalidad y determinan nuestro comportamiento.

Si crees que la vida es complicada, que no eres bueno aprendiendo y que no puedes hacer lo que sueñas, te aseguro que el 90 % de tus límites están en tu mente y no en tus habilidades. Una persona con tus mismas destrezas, pero con un poco más de fe en sí misma, llegará mucho más lejos y rápido que tú. No es lo que tienes, sino lo que **crees** que puedas hacer con ello.

Seguro has escuchado que todos tenemos creencias limitantes, pero, ¿qué significa eso? ¿Por qué nos aferramos a algo que nos limita, si sabemos que somos seres llenos de un potencial infinito? ¿Por qué elegimos creer en algo que no es verdad o que nos perjudica? **Es que no lo hacemos conscientemente**. Las primeras creencias que absorbemos no las creamos desde nuestra experiencia, sino desde las vivencias de quienes nos cuidaron y rodearon cuando éramos niños. Para entender el proceso completo, debes saber que todos tenemos una mente consciente y una mente inconsciente.

La mente consciente se ocupa de la razón, la lógica y de controlar lo que hacemos. Es la parte que juzga si algo es bueno o malo, y la que da órdenes. Sin embargo, constituye solo el 5 % de nuestras conductas y decisiones. Se dice que la mente inconsciente alberga el otro 95 %. Es ahí donde están nuestras creencias, emociones más profundas y patrones. No cuestiona nada y procesa por igual lo bueno y lo malo. Tampoco diferencia recuerdos de cosas que imaginas. Para tu mente, cuando visualizas algo, es como si lo vivieras de alguna manera. Aunque no estés al tanto de todas tus emociones o recuerdos, ellos están ahí almacenados y tienen gran influencia en tu comportamiento.

Además, el inconsciente es como una máquina detectora que se encarga de encontrar señales para reforzar tus creencias. Sí, todo aquello en lo que crees, así sea a nivel inconsciente, está siendo reforzado a diario con ejemplos, situaciones, personas y hechos que afianzan tu sistema de creencias. Aquí radica la importancia de evaluarlo con detenimiento.

La mejor manera de saber si tienes creencias limitantes es analizar tu mundo exterior: ¿cómo ves a los demás? ¿Cómo percibes lo que pasa a tu alrededor? Si cuando vas por la calle ves complicaciones, pobreza, estrés y falta de seguridad, estás proyectando lo que crees que es el mundo, y desde ese sistema de creencias, crearás. Aunque quieras algo diferente, esta es la arcilla que tienes para moldear.

Por ejemplo, si tú crees que "tomar agua de coco es saludable", cada vez que tomes agua de coco, tu inconsciente ubicará sensaciones en tu cuerpo relacionadas con el bienestar. Te sentirás a gusto, hidratado y "con el sistema inmune más fuerte"; todo esto basado en experiencias anteriores y en cosas que la gente te ha dicho o has visto.

Y si crees lo contrario, el inconsciente hará lo mismo. Ubicará señales para reforzar tu creencia. Digamos que cuando eras pequeño estabas enfermo y tomaste agua de coco. Ahora, cada vez que tomes agua de coco, tu inconsciente lo asociará con malestar y habrás formado la creencia de que "tomar agua de coco NO hace bien". Cada vez que tomes agua de coco, tu inconsciente encontrará los elementos que refuercen esa idea: te sentirás muy lleno después de tomarla, quizá te duela la cabeza o sientas malestar.

El mundo que ves es relativo. La contradicción principal que puedas pensar respecto a esto es que algo "es verdad". Sin embargo, esa "verdad" es realmente la perspectiva que tienes, mas no significa que es donde debas poner tu atención. Vuelvo al ejemplo de la calle. Ves a una persona pidiendo dinero y piensas que el mundo está lleno de pobreza. Esto es cierto, pero no es la única verdad, y tú puedes elegir cuál reforzar con tu atención. También verás carros, gente activa, saludable y un día precioso. O puedes ver a alguien dándole dinero a quien lo necesite, alegrarte y pensar en lo hermoso que es poder compartir lo que tienes. No porque algo "sea verdad" debe ser lo que resaltes en tu experiencia de vida.

Cada día, al levantarte, tu mente se va a un lugar automáticamente. Dependiendo de tu trabajo interno y mental, irá de forma directa al agradecimiento o a las preocupaciones, por ejemplo. Te apuesto a que si te detienes a analizar tus pensamientos al abrir los ojos, verás que hay tendencias. Lo automático será ir a operar como ves que opera tu entorno.

De los cero a los siete años, nuestro cerebro funciona en unas ondas cerebrales en las que absorbemos todo: información, ideas y formas de ver la vida. Desde ese momento, formamos nuestras primeras creencias.

Si desde niño escuchas: "La única forma de hacer las cosas es con sacrificio", así crecerás y así será el mundo para ti. Dejando a un lado la creatividad y el autoconocimiento, incluso vivirás sin saber que puedes elegir dónde poner tu energía, antes de sacrificarla por completo.

La buena noticia es que una creencia es algo que "tú crees" que es verdad, pero no quiere decir que lo sea. Y aquí es donde entran en juego las afirmaciones. Una afirmación es una frase que puedes repetir a diario y te ayuda a visualizar, reforzar o atraer algo a tu vida. También puede ayudarte a entrenar tu mente para ver más oportunidades y cambiar creencias limitantes sobre el mundo y sobre ti mismo. Con la mente consciente, puedes darle órdenes/instrucciones al inconsciente y así formar creencias nuevas que vayan acorde a lo que quieres para ti.

EJERCICIO PARA CAMBIAR CREENCIAS LIMITANTES

Hay muchas probabilidades de que puedas entrenar tu mente para reemplazar creencias limitantes. Si quieres cambiar alguna de ellas, este ejercicio te puede ayudar. Pero ten en cuenta que requiere de constancia y fe. ¿Por cuánto tiempo has vivido con tus creencias limitantes? ¿Veinte, treinta, cuarenta años? No van a cambiar de la noche a la mañana, pero si quieres hacerlo y crees que puedes hacerlo, lo harás.

EJERCICIO:

- Identifica la creencia limitante que quieres cambiar y escríbela.

- Luego, escribe una creencia nueva que la sustituya en forma de afirmación.

- Lee tu afirmación en voz alta todas las mañanas, al despertarte, y todas las noches, justo antes de dormir. En esos veinte minutos, el cerebro está operando en ondas *Theta* y se genera una ventana en la que el inconsciente es capaz de absorber información. La mente consciente está lo suficientemente relajada, no genera resistencia y, a la vez, está despierta para escuchar.

- Repítela cada día, hasta que sientas que es parte de tu manera de pensar, que es tu verdad. Hasta que veas cambios en tu vida. Si eres constante, te aseguro que los verás.

- Cada noche, piensa en cosas que puedes hacer al día siguiente para reforzar esa nueva creencia. Y hazlas. La acción y las experiencias nuevas son muy poderosas para reentrenar el inconsciente.

POR EJEMPLO:

Creencia actual: "Todos los hombres son una mierda". Recuerda que el inconsciente va a encontrar todas las señales que pueda para reforzar este pensamiento. Y ese es el mundo que crearás a tu alrededor. Tu inconsciente encontrará hombres inconsistentes, maltratadores, irresponsables y superficiales. ¿Acaso esto quiere decir que solo existen hombres así? Evidentemente no, pero esos son en los que tu subconsciente se enfocará en encontrar para reforzar lo que crees. Nuestras creencias existen para mantenernos seguros. Lo que una vez le dijiste a tu subconsciente que era verdad, él lo mantendrá tal cual para hacerte sentir cómodo y seguro en lo conocido.

Entonces, lo primero que puedes hacer es identificar esas cosas de tu realidad con las que no terminas de resonar. Lo más probable es que vengan de una creencia que te sirvió en un momento o que absorbiste de alguien más, pero que ya no te está sirviendo. Si quieres cambiar esa creencia, después de identificarla, puedes escribir una afirmación que la contrarreste. Así, poco a poco, tu subconsciente la irá integrando y ahora buscará cosas que refuercen esta nueva forma de ver el mundo.

Otro ejemplo: "Los hombres son amables, inspiradores, confiables y divertidos. Atraigo gente honesta y en la misma frecuencia que yo". Usa esta afirmación por un tiempo, hasta que empieces a creerlo, y te sorprenderá la gente hermosa que atraerás a tu vida. Gente que siempre ha estado en el camino, pero que ahora tu mente puede notar y los integra a tu experiencia, después de comunicárselo. Empieza a fijarte en las cosas positivas, en las que sí fluyen, que de seguro son más de las que piensas. Reconócelas y celébralas.

Importante: escribe todas tus afirmaciones en presente y en primera persona desde la emoción que quieres sentir. Olvídate de "no", "quiero" o "quisiera". Ni tu subconsciente, ni el universo entienden negativas.

Si tú dices "no voy a comer comida chatarra", tu cerebro registrará "voy a comer comida chatarra". Si dices "quiero/quisiera comer saludable", estás afirmando que no lo haces. Querer algo es igual a afirmar que no lo tienes. Puedes decir, en cambio, "nutro mi cuerpo cada día con comida saludable".

Te dejo una lista de algunas afirmaciones de creencias limitantes comunes vs. afirmaciones de creencias liberadoras con las que puedes trabajar:

CREENCIAS LIMITANTES	CREENCIAS LIBERADORAS
"Nadie me va a querer como soy. No soy digno de ser amado".	"Veo el valor en mí y en los demás. Me merezco todo el amor del mundo. Tengo el corazón dispuesto para amar y ser amado".
"No soy lo suficientemente inteligente/ guapo/ talentoso".	"Tengo todo lo que necesito para sentirme bien y aprendo cosas nuevas cada día".
"Nunca podría abrir mi propio negocio".	"Yo hago todo lo que me propongo".
"No tengo suficiente tiempo/experiencia/ recursos para (inserta tu meta aquí)".	"Tengo creatividad, encuentro el tiempo y lo que sea necesario para (inserta tu meta aquí)".
"Debería evitar el fracaso a toda costa".	"Todo es un juego. Me arriesgo, porque estoy aquí para aprender y disfrutar el proceso".
"Soy demasiado viejo para…"	"Las cosas llegan a mi vida en el momento perfecto. Estoy abierto a ver y tomar las oportunidades que se presenten ante mí".

"Es demasiado tarde para adoptar un estilo de vida más saludable". "Yo no puedo comer bien". "Nunca voy a estar en mi peso ideal".	"Amo y cuido mi cuerpo porque me permite estar aquí. Desde hoy, y cada día, como para nutrirme, me ejercito y tomo decisiones saludables".
"El dinero no te hace feliz."	"La felicidad depende de mí. Entiendo que el dinero es una herramienta que agradezco y atraigo. Es energía que me permite fluir con facilidad en este mundo físico".
"Solo se puede ser exitoso con trabajo duro y sacrificio, porque así lo hicieron mis padres".	"Pongo mi energía y tiempo en las cosas que quiero y el éxito viene. Todo siempre está funcionando a mi favor".
"Nunca tengo dinero".	"Hago lo que quiero y siempre tengo dinero extra. El dinero es infinito. Hay suficiente para todos y agradezco que siempre está fluyendo hacia mí".
"La vida es difícil. Mi vida es complicada".	"Siempre encuentro y encontraré solución a todo. Estoy vivo para aprender y disfrutar".
"No sé manifestar, nunca logro lo que quiero".	"Manifestar es mi naturaleza. Yo creo mi realidad y sé que todo es posible".

Finalmente, te dejo varias afirmaciones que he estado usando en los últimos meses. Algunas se repiten porque es lo que yo necesito reforzar, según las creencias que busco cambiar. No quiere decir que vas a depender de ellas toda tu vida. Pero sí es un hábito que puede ayudarte a tener una mejor perspectiva de tu entorno y de ti. Velo como cepillarte los dientes; no pasa nada si no lo haces por un día, pero tendrás mejor salud bucal si lo haces. La mente también necesita cuidados y mantenimiento, y esta es una forma de hacerlo. Mis días son muy diferentes si me despierto y leo esto:

NUEVA MENTE:

- Me despierto en la mejor línea de tiempo posible.
- Estoy en el lugar correcto, en el momento correcto.
- Estoy rodeada de gente increíble, creativa, amable, abundante y libre.
- Soy poderoso.
- Tengo mi proyecto exitoso, yo soy mi proyecto exitoso.
- Soy independiente, libre y activo.
- Soy determinado.
- Soy amado.
- Tengo suerte.
- Todo funciona siempre a mi favor.
- El universo me apoya.
- Tengo una misión, una meta, un camino.

NUEVAS CREENCIAS SOBRE MÍ:

- Soy saludable y hermoso.

- Mi cuerpo es perfecto.

- Yo entiendo y manejo mis emociones, soy maestro de mis emociones.

- Hago todo lo que quiero, como quiero.

- Hago todo bien.

- Tengo todo lo que necesito.

- Estoy sanando y aprendiendo.

- Yo sé muchas cosas, soy muy inteligente.

- Soy libre.

- Tengo una voz clara, auténtica, sanadora y poderosa.

- Me amo profundamente.

- Soy único.

- Expreso mi mente, que es genial.

o Soy una buena persona.

o Soy determinado, organizado y fuerte.

o Si veo una forma de ayudar a alguien más, lo hago.

CREENCIAS A MANIFESTAR
(SON COMPLETAMENTE PERSONALES, PERO PARA QUE TENGAS UN EJEMPLO DE LO QUE PUEDES HACER):

o Vivo una vida inspiradora, llena de aventura, naturaleza y amor.

o Amo lo que hago.

o Soy viral.

o Guío a las personas a vivir su mejor vida.

o Aprendo lo más que puedo sobre la existencia y lo comparto.

o Activo mis poderes y mi vida.

o Viajo por el mundo haciendo lo que quiero: creando contenido e inspirando a otros.

o Soy una viajera y una guía espiritual reconocida.

o Tengo "la estrella", soy la estrella.

CREENCIAS SOBRE EL DINERO:

- El dinero es bueno, útil y abundante.

- Hay suficiente dinero para mí y para todos.

- El dinero es energía, siempre fluyendo hacia mí.

- El dinero es generoso.

- Yo disfruto la vida.

- Me siento agradecida porque tengo todo lo que necesito para florecer.

- Soy muy buena con el dinero.

- Siempre hago lo que quiero y tengo dinero extra.

- Estoy abierta a la vida.

- Estoy conectada con todo lo que me rodea.

- Soy la abundancia misma.

- Siempre estoy floreciendo.

CREENCIAS ESPIRITUALES:

- El universo me usa para traer luz a la Tierra de una manera que deleite mi mente, mi cuerpo y mi espíritu.

- Estoy alineado con la frecuencia de la verdad, para el bien de la humanidad como un todo. Tengo asistencia y protección de mis ancestros, a través de todas las dimensiones, espacios y realidades. Tengo señales claras y guía de que estoy alineado con la verdad.

- Estoy en la línea de tiempo de mi mayor bienestar, de mis deseos más profundos y de mi autorrealización.

TIPS PARA REENTRENAR EL INCONSCIENTE
(Y ATRAER COSAS POSITIVAS)

CAPÍTULO 7

Te quiero compartir tres simples tips que me cambiaron la vida:

TIP #1 - ENFOCARTE EN LAS COSAS POSITIVAS

Tienes que cambiar el interruptor y empezar a ver las cosas positivas en todo. Olvídate de las quejas. Quejarse solo refuerza la vibración de lo que no te gusta. Si te concentras en emociones negativas, eso es lo que le dices al inconsciente que identifique como importante para ti.

Te voy a mostrar dos perspectivas del mismo escenario, pero desde puntos de vista diferentes. Estas dos personas fueron a una excursión y les hice exactamente las mismas preguntas a ambas. Una de ellas se enfoca en lo positivo y la otra no. Se siente como si fueran mundos diferentes:

PERSONA 1 – *El pesimista* 😮

— Yo: ¿Qué tal estuvo el paseo?
— Persona 1: Mmm, normal.
— Yo: ¿Te gustó?
— Persona 1: Sí, pero la comida fue muy mala.

- Yo: ¿Qué tal la comida?
- Persona 1: Como te dije, mala. Me quedé con hambre.
- Yo: ¿Qué tal la vista?
- Persona 1: Linda, pero cuando llegamos a la cima fue cuando nos dieron el desayuno y de verdad que fue una decepción. Decía "desayuno incluido" y nos dieron unas galletas.

PERSONA 2 – El optimista 😃

- Yo: ¿Qué tal estuvo el paseo?
- Persona 2: Increíble, aire puro. Me encantó la gente con la que fuimos.
- Yo: ¿Te gustó?
- Persona 2: Muchísimo, la ruta fue excelente. Y el clima estuvo perfecto.
- Yo: ¿Qué tal la comida?
- Persona 2: Estuvo simple. Pero antes del paseo pregunté qué sería, así que sabía qué esperar.
- Yo: ¿Qué tal la vista?
- Persona 2: La mejor que he visto en mucho tiempo. El cielo estaba completamente despejado, así que vimos la ciudad completa.

Es el mismo evento y las dos opiniones son "verdad", pero dependiendo de dónde pongas tu atención, tendrás una experiencia completamente diferente. Tu mente crea tu mundo. ¿Sientes la diferencia?

No quiere decir que vayas a negar las cosas malas. Pero, ¿es ese realmente el aspecto donde deseas poner tu atención, teniendo miles de cosas buenas que apreciar? **Empieza cambiando tu enfoque e inmediatamente cambiarás tu mundo, sin mover un dedo.**

TIP #2 - NO JUZGAR A LOS DEMÁS

Cuando juzgas a alguien, ocurren varias cosas:

1. Estás proyectando tus propias inseguridades o cosas que no te gustan de ti.

2. La manera en la que te expresas refleja tu diálogo interior. Como hables de los demás, es como te hablas a ti mismo.

3. El inconsciente lo interpreta como si estuvieras hablando de ti.

4. Estás desperdiciando energía en cosas externas; energía que podrías estar usando para construir(te), en vez de destruir(te).

Si piensas: "Esa persona sí es floja, qué mal hace las cosas", posiblemente <u>creas</u> que tú eres flojo y no eres muy tolerante contigo. Es muy probable que estés acostumbrado a tratarte de manera despectiva. Al decirlo sobre alguien más, solo estás reforzándole al inconsciente que esa característica es importante para ti y estás afianzando esta creencia sobre ti mismo, sin siquiera saberlo. De nuevo, no quiere decir que no sea verdad, pero tú eliges si vale la pena invertir energía en esa "verdad" o si puedes usar tu atención para algo más valioso.

Para transformar este tipo de pensamientos, cambia tu diálogo interno. Empieza a detectar las cosas buenas de los demás alrededor y de ti mismo. Cada vez que te encuentres juzgando a alguien, identifícalo y busca algo bueno que pensar sobre esa persona. Trata de hallar lo positivo, y si consideras que no te aporta nada, ignóralo y usa tus pensamientos para algo más constructivo. Si no puedes decir nada bueno, mejor no digas nada.

TIP #3 - SUSTITUIR LOS "NO ME GUSTA" POR "ME GUSTA"

No significa que te tiene que gustar todo. Significa que, además de poner tu atención en lo positivo, también lo aplicas a tus palabras. Te apuesto a que tu mundo es mucho mejor de lo que piensas.

Trata de hacerlo por un día. Te vas a dar cuenta de todas las veces que dices "no me gusta esto". Cada vez que lo digas, piensa en lo que sí te gusta. Y eso es lo que vas a alimentar con tu atención. Conocer tus gustos es un gran comienzo para moldear tus deseos de acuerdo a quien eres realmente.

Por ejemplo, en vez de decir: "No me gusta dormirme tarde. Al día siguiente estoy cansado y no sirvo para nada", di: "Me encanta dormirme temprano. Cuando duermo siete horas, al día siguiente me siento lleno de energía y capaz de hacer de todo".

ACTUAR POR AMOR,
NO POR MIEDO

CAPÍTULO 8

Hay dos emociones primordiales por las que uno actúa: por miedo o por amor. Todo lo que haces basado en amor te acerca a tu propósito de vida. Cuando hablo de actuar por amor, no lo digo en un sentido romántico. Me refiero al amor por ti mismo, a aquello que te hace sentir vivo y pleno, y que te apasiona.

El miedo existe para mantenernos a salvo. Sí, como la mente.

Piensa en esto: ¿acaso un bebé que no ha nacido podría quedarse en el vientre de su madre y convertirse en un hombre desde allí? No, ese espacio es seguro para él, pero no por eso debe permanecer ahí. Así como un bebé debe abandonar la comodidad y seguridad del vientre de su madre para crecer y vivir realmente, así mismo tenemos que salir de lo conocido que nos mantiene en un espacio que creemos seguro, pero que quizá limita nuestro crecimiento.

Se dice que hay dos "cerebros" en el cuerpo: el de la cabeza y el del corazón (algunos mencionan tres porque incluyen el estómago, pero yo me voy a enfocar en los dos primeros). La responsabilidad del cerebro de la cabeza es protegerte; y la del corazón, guiarte. Es decir, el miedo viene de la mente, de lo que piensas y sobrepiensas, y de lo que has absorbido de otros. El amor viene del corazón, de lo que sientes, de la fe y de lo que crees posible.

El miedo, como todo, no es completamente malo. Sentimos temor de cosas realmente peligrosas para mantenernos vivos. Si no tuviéramos miedo, viviríamos sin medir las consecuencias de nuestras acciones y, de hecho, la raza humana no hubiera sobrevivido. ¿Te imaginas que los cavernícolas no le hubiesen temido a animales salvajes o a lanzarse por un precipicio? De seguro no estaríamos aquí sin el miedo. Pero hoy en día no tenemos este tipo de situaciones, a menos que vivas en la selva. Los temores giran alrededor de la falta de oportunidades, a no pertenecer, a no ser exitoso, al rechazo, miedo a la carencia, a no ser suficiente e, incluso, miedo al éxito.

Considero que existen miedos tangibles e intangibles. Ambos son reales, pero uno de ellos nos mantiene a salvo y el otro nos limita. El reto está en identificar cuál es cuál para saber si le hacemos caso o lo ignoramos. El miedo tangible es el que viene de situaciones externas, que genuinamente te pueden hacer daño, y el intangible está en tu mente. Aquí te muestro algunos ejemplos:

1. **Miedo por creencias absorbidas de otros:** por eso es tan importante identificar cuál es tu sistema de creencias. Muchas de las que tienes vienen de los que te cuidaron de niño y de las personas que te rodean. Puedes evaluar cómo es la vida de estas personas hoy y eso te ayudará a identificar si estás de acuerdo en cómo la viven. Probablemente, tú lo hagas de manera similar; y si hay algo con lo que no concuerdes, ahí está una creencia que deberías cambiar.

Un ejemplo de una creencia que me hace sentir miedo en mi caso: "nada nunca es suficiente". No saben cuánto me costó identificarla y sé que viene de mis padres. Me di cuenta de que, sin importar lo que pasara, nunca se terminaban de sentir 100 % bien o satisfechos, ni cuando pasara "x", ni cuando pasara "y". No importaba la edad que tuvieran o el tiempo que transcurriera. Y la verdad es que siempre han tenido todo para estar bien. Era más una percepción distorsionada de la realidad por creencias que ellos absorbieron de sus padres. ¿Cómo ha podido limitarme ese miedo? Pues me hizo estar constantemente en un estado de supervivencia, de nunca sentirme completa, sobreexigirme a un punto de perfeccionismo insaciable y nunca estar a gusto conmigo. Me llevó a sentir que, sin importar lo que hiciera, las cosas nunca me salían bien. Lo más gracioso de todo es que tengo tantas habilidades que ahora me doy cuenta de que, haga lo que haga, sobresalgo; después de haber trabajado para poder apreciar las cosas como son y poder reconocer mis logros, puedo verlo.

Cuando tengo una situación en la que voy a hacer algo y siento que no soy suficientemente buena, me tomo un tiempo para aterrizar mis pensamientos. Antes, el miedo a fallar o a hacerlo mal me llenaba de ansiedad, y hasta me paralizaba. Y en repetidas ocasiones, dejé de hacer cosas por creer que no era lo suficientemente buena. Ahora entiendo que, solo por intentarlo, puedo reconocerme como valiente y que estoy aquí para aprender; que lo mejor que puedo hacer es darlo todo de mí y que eso ya es suficientemente bueno; que la vida no es solo resultados, sino que en el proceso también encuentro plenitud, crecimiento y disfrute.

Para que lo veas aún más claro: cuando publiqué la primera edición de este libro, tuve un ataque de ansiedad y casi no lo lanzo porque sentía que no era lo suficientemente bueno. Tenía dos opciones: 1) Actuar por miedo y no publicarlo, gracias a mis creencias limitantes. 2) Actuar por amor a mí misma y reconocer que mi voz vale, por amor a las personas que puedo ayudar con mi experiencia. Actuar por amor a lo que me apasiona, que es inspirar a otros con mis propias vivencias, significaba publicarlo. Y eso hice :) y ahora vamos por esta segunda y repotenciada edición.

2. **Miedo por experiencias pasadas:** miedo porque algo que viviste no salió bien y temes que se repita. Te recuerdo que tanto el pasado, como el futuro, solo existen en tu mente. Cuando te enfocas en el pasado, estás eligiendo vibrar en la frecuencia de esas experiencias, y desde esas emociones atraerás y crearás vivencias similares. Dejar de hacer algo por miedo a que se repita un momento desagradable es igual a decir que no has aprendido de esa situación, que solo eres tu pasado y lo que conoces. ¿De verdad crees que solo eres lo que has vivido? ¿Crees que tu potencial se limita a lo que conoces y solo a lo que ya has hecho? La respuesta es que no, tú no eres tu pasado; eres un ser lleno de potencial que merece crear la realidad que quiera desde su mundo interior y sus emociones.

Si esto te pasa, te doy una tarea: concéntrate en sentirte bien, en encontrar esas cosas que elevan tu espíritu y tu vibración. Desde esas emociones llenas de luz, atraerás y crearás más experiencias luminosas. Pon tu atención en las cosas que merecen ser reconocidas de tu vida y de ti.

3. **Miedo a lo desconocido:** una situación nueva, algo que quizá no sabes cómo hacer y que requiere aprender cosas diferentes. Este miedo es el que más puede hacerte posponer algo que realmente quieres hacer. En el momento

en que te permites ser vulnerable y admites que no sabes cómo hacer algo, te liberas de las expectativas sobrevaloradas. Basta con preguntarse: "¿por qué no he empezado esto?", "¿he hecho esto antes?", "¿sé cómo hacerlo?", "¿cómo puedo aprender a hacerlo?", "¿debo pedir ayuda?", "¿dónde/cómo?".

4. **Miedo a no poder controlar el resultado:** miedo a no tener el control. Solo podemos tener el control sobre lo que sentimos y hacemos; incluso de cómo reaccionamos. Pero nunca podemos garantizar un resultado exacto, ni controlar lo que hagan los demás. No esperes tener el dominio absoluto del desenvolvimiento de los procesos. Espera crear desde lo mejor de ti y déjate sorprender por lo que pase. No quieras tener injerencia en todo lo que ocurre en tu vida. Más bien, enfócate en lo que quieres sentir y permite que, junto con el universo, le des forma en el camino.

Por ejemplo, cuando me llegó la oportunidad de hacer mi entrenamiento de meditación, yo estaba en Bali y llevaba unos años viajando. Mi trabajo era enseñar español por internet y tenía lo suficiente en ingresos para cubrir todas mis necesidades y estar tranquila, pero no como para tener gastos extras como un curso que en ese momento costaba alrededor de $3,000 USD.

La primera opción que tenía era querer controlar lo que pasaba y frustrarme porque no tenía el dinero. Mi segunda opción era confiar en que todo es posible y hacer mi mejor esfuerzo por, creativamente, encontrar una solución. Cuando tengo un deseo a manifestar, no puedo pretender controlar siempre el cómo se van a desenvolver las cosas. Decidí contactar a los organizadores y, proactivamente, les propuse hacer un intercambio. Yo podía hacer videos y documentar el curso, a cambio de participar y aprender. ¿Sabes qué me dijeron? Que no, que ya tenían fotógrafo y videógrafo, y que no era necesario. Si yo quisiera controlar la situación, me hubiera frustrado y estaría triste de no poder hacerlo. Pero mi fe en las infinitas posibilidades y el potencial dentro de mí me dijeron: "No puedes controlar lo que ya es, pero puedes fluir con esto. Confía y continúa". Desde el desapego a lo que ellos hicieran y al resultado, insistí nuevamente e hice lo más coherente que un ser humano puede hacer: preguntar si podría ayudarlos de otra manera, una que yo desconocía y que no podría controlar.

Pasaron los días y, aunque no tenía respuesta, me concentré en agradecer solo por el hecho de haberme atrevido a contactarlos, a llevar el juego hasta donde pudiera, a preguntar y proponer. Tres días después, me dijeron que la asistente que siempre los apoyaba no iba a poder estar, así que había una opción de entrar como becaria en la que la persona seleccionada apoyaría en la coordinación del taller y solo pagaría el 50 %.

A esto me refiero con querer controlar el desenvolvimiento de las cosas. El universo tiene oportunidades que ni nosotros mismos podemos imaginar; y si quieres hacer las cosas solo desde lo que tu mente puede controlar, sin confiar en que hay un potencial infinito, tú mismo te estás limitando.

Haciendo el cuento corto, me entrevistaron y me seleccionaron para la beca. Esta ha sido una de las experiencias más profundas y transformadoras que he vivido. Fueron veintiún días en los que no solo aprendí sobre el cuerpo humano, técnicas ancestrales y meditación, sino también que la vulnerabilidad, la compasión y el silencio son la base del camino al corazón; que estoy aquí para guiar a otros y que debo compartir mis experiencias, sin miedo.

Que no sepas cómo van a suceder las cosas o que no puedas controlar el proceso, no significa que no vayan a pasar. Lo que sí puedes controlar es tu actitud ante lo que pase. Es más, cambiemos la palabra "controlar" por "elegir". Lo único que puedes hacer es elegir qué emoción alimentar con tu atención y qué acción o reacción tomar con base en eso.

LO QUE QUIERAS MANIFESTAR, BASADO EN AUTENTICIDAD, HONESTIDAD CONTIGO Y AMOR, VENDRÁ A TI DE MANERA EXPANDIDA.

Todo lo que quieras manifestar por miedo (miedo a la carencia, miedo a no ser suficiente, miedo a ser juzgado, miedo a equivocarte) o basado en expectativas de otros, se verá limitado y atraerás situaciones que refuercen lo que estés sintiendo (carencia, no ser suficiente, ser juzgado, equivocarte).

Las intenciones que tienes al hacer las cosas quedan impresas en ellas, y es a partir de esa emoción o intención —no necesariamente expresada— desde donde realmente manifiestas.

Imagina que llevas cinco años en un trabajo que no te gusta. Como ya te cansaste, decides buscar uno nuevo y obtienes dos ofertas:

Opción 1: Un trabajo en otra ciudad, con una paga buena, haciendo algo que te encanta, donde puedes caminar y andar en bici.

Opción 2: Un trabajo en tu misma ciudad, a veinte minutos de tu casa, pero en realidad a una hora por el tráfico, con una paga excelente, pero haciendo lo mismo que hacías en el trabajo al que renunciaste.

En tu corazón, sabes que quieres la primera opción: hacer algo que amas. Sin embargo, puedes darle cabida a la mente para que intente mantenerte en lo conocido, que te hace sentir seguro. Puedes permitirle traer pensamientos, basados en miedo, por creencias limitantes como: si haces lo que amas, no podrás sobrevivir; si no sufres, no ganas; no te mereces hacer lo que más te llena; el trabajo tiene que ser duro y sin disfrute; el dinero es escaso y tienes que hacer lo que te dé más ingresos, en menos tiempo, sin importar cómo te sientes.

Si escuchas a tu mente, que solo está tratando de mantenerte en lo seguro/conocido, te estarás limitando de vivir una nueva posibilidad desconocida con mucho potencial. El miedo al cambio puede hacerte sentir más a salvo que la ansiedad de probar algo diferente a lo que has venido haciendo; pero aquí no vinimos a sentirnos cómodos, vinimos a sentirnos BIEN (plenos, valientes, orgullosos de nosotros mismos, usando nuestro potencial al máximo).

Te lo pongo más claro todavía. Puedes tomar la decisión por miedo o por amor:

Decisión por miedo: voy a tomar el trabajo en mi misma ciudad, porque no conozco a nadie en el otro lugar (miedo a lo desconocido). Además, me paga más. Mientras más dinero, mejor (miedo a no tener suficiente dinero). Y ya sé qué tengo que hacer (miedo a aprender cosas nuevas). Habrá tráfico, pero como en todos lados (miedo al cambio).

Cuando actúas por miedo, tienes que justificarte a ti mismo y se siente pesado. Si tomas esta opción, en unos meses te sentirás exactamente igual a como te sentías antes. Lo único que habrás logrado será posponer la misma situación. Lo que no transformas se presentará en tu vida de diferentes maneras, hasta que lo enfrentes y luego lo integres.

> **Decisión por amor:** voy a tomar el trabajo en el que finalmente haré lo que más me gusta, el que más me emociona. Todo lo demás es parte complementaria de esta intención.

Quizá como te gusta tanto y eres buenísimo, en un par de meses consigas un aumento con el que ganarás más de lo que hubieras ganado en cualquier otro lugar. Empieces a andar en bicicleta, cambies tu estilo de vida y conozcas gente increíble. Solo lo sabrás si dejas el miedo a un lado y actúas movido por lo que te emociona desde el corazón, por amor.

De ahora en adelante, cuando tomes una decisión, o cuando quieras algo nuevo, piensa: ¿lo estoy haciendo por miedo o por amor? Manda tu mente a volar cuando quiera mantenerte solo en lo conocido/seguro y date la oportunidad de escuchar a tu corazón. De otra manera, ¿cómo vas a manifestar algo nuevo, si no te das la oportunidad de experimentar desde lo desconocido?

MANIFESTAR

CAPÍTULO 9

Manifestar es sentir un deseo y materializarlo. Es crear tu realidad desde tu mundo interior, usando todos los elementos que te he mencionado en esta guía.

LAS EMOCIONES DEBEN ESTAR ALINEADAS CON TUS PENSAMIENTOS Y ACCIONES

Ya sabes sobre los pensamientos y emociones, así que la guinda del pastel es alinearlos con tus acciones. Mencioné antes que, cuando estos están alineados, todo sucede más rápido. ¿Cómo encuentras esa alineación? Tomándote tiempo para ti y teniendo como foco vivir en presencia, prestando atención a lo que estás haciendo, escuchando tu intuición, observando lo que pasa fuera y dentro de ti, sintiendo tu cuerpo y corazón, para poder elegir cómo reaccionar y qué ideas seguir o ignorar.

Esto puede ayudar. Dedica unos minutos a llevar tu atención hacia adentro cada mañana. Al despertar, en vez de salir corriendo de la cama a ver el celular, a contestar un *email* o a activar el estrés que te genera el día a día, quédate en la cama unos minutos más, conectando con el momento presente, respirando profundo y agradeciendo todo lo bueno que ya eres y tienes, designando las intenciones para ese día. Evalúa si lo que piensas, sientes y quieres hacer está alineado entre sí y con la meta que tengas.

ANTES DE EMPEZAR A JUGAR EN EL MUNDO 3D, RECUÉRDATE QUIÉN ERES: UNA CONSCIENCIA VIVIENDO UNA EXPERIENCIA HUMANA POR ELECCIÓN PROPIA; QUE ESTÁS EN EL LUGAR CORRECTO, EN EL MOMENTO CORRECTO; QUE SIMPLEMENTE ERES Y ESO YA ES SUFICIENTE.

Permítete empezar el día desde la calma, para que cuando llegue el impulso de una acción inspirada, puedas reconocerlo y actuar. Así evitarás accionar solo por supervivencia, costumbre o miedo.

Muchas personas quieren manifestar cosas materiales por tener creencias limitantes en las que piensan "si no TENGO, no SOY". Al estar desconectados de su esencia divina, lo material se vuelve lo más importante. No me malinterpretes. El dinero es una herramienta muy útil y necesaria en este mundo, pero cuando te conoces y escuchas honestamente, pasa a un segundo plano, porque lo que quieres no es el dinero, es lo que el dinero te hace sentir: libertad. Quieres sentirte libre (de hacer y deshacer a placer, sin limitaciones físicas).

Si es tu caso, trata de ir un poco más profundo. ¿Cuál es el propósito detrás de ese dinero que quiero? ¿Por qué quiero esas cosas y para qué?

Es fácil silenciar quiénes somos y dejarnos llevar por lo que creemos que "necesitamos", según la sociedad. Pero recuerda que eres un ser que va más allá de lo material; no solo eres una parte física, así que trata de evaluar qué cosas **no** materiales quisieras manifestar.

¿Cuál es tu sueño? ¿Qué quieres de esta vida? ¿Qué viniste a aprender? ¿Qué puedes aportar al mundo? Estas preguntas tendrán respuestas diferentes a lo largo de tu vida. Es válido cambiar de parecer, porque, al final, todo es transitorio y lo único constante, además de ti, es el cambio.

Puedes pasar —como muchos— una vida dormido, atrapado en un sistema mecánico donde solo comes, duermes y trabajas para pagar deudas; donde trabajas cinco días a la semana y los otros dos, solo quieres escapar; huyes con el alcohol y consumiendo contenido ilimitadamente para calmar esa insatisfacción y ese vacío de propósito que tienes.

La manera de salir no es escapando. La salida es cuestionarte, indagar en ti, hacer preguntas profundas para encontrar respuestas profundas. **Encontrarte es tu tesoro más preciado.**

MIENTRAS MÁS POSPONGAS MIRAR HACIA ADENTRO, MÁS TIEMPO ESTARÁS PERDIENDO DE DISFRUTAR QUIEN VINISTE A SER.

Recuerda que todo lo que esté alineado con tu propósito y con tu esencia más auténtica, te hará vibrar alto y acelerará cualquier manifestación.

Veamos un ejemplo. Digamos que no te gusta tu trabajo y quieres manifestar uno nuevo, pero no sabes qué quieres. No te compete tener todas las respuestas sobre lo que vaya a pasar, pero sí tener las respuestas sobre ti mismo, y así lo externo se alineará contigo.

¿Recuerdas mi lista para manifestar mis clases de español? Yo no sabía CÓMO iba a pasar, ni exactamente qué trabajo quería. Pero sabía QUÉ era lo que quería, un trabajo nuevo con estas características:

- Dónde: cerca de mi casa. Que pueda llegar en bicicleta o fácilmente. En una zona caminable.

- Sueldo: $1,000 USD mensuales, aproximadamente (era lo que necesitaba).

- Descripción: un trabajo con cero estrés, en el que solo tuviera que preocuparme de este mientras lo hiciera; que el resto del día, usara mi mente para lo que yo quisiese.

- Que fuera algo retador, pero divertido. Algo estable, pero creativo.

- Algo que yo disfrutara hacer.

- Que me hiciera sentir: libre, feliz y realizada.

Luego, cuando meditaba, me enfocaba en imaginarme vibrante, plena y activa, repasando estas características mentalmente.

Aquí tienes el corazón (el deseo y lo que te hace sentir) y la mente (piensas que es posible, dejando tus creencias limitantes a un lado). Ahora también tienes que tomar alguna acción.

A veces, tomar acción no es tan obvio. En mi caso, fue ver una historia de Instagram en la que compartían la oferta de trabajo y escribirles de inmediato. Fue actualizar mi CV e ir a la entrevista, dejando atrás mis creencias limitantes, porque ni siquiera era maestra de español, pero el trabajo reunía todo lo que yo había puesto en mi lista, y más.

Quizá tomar acción suene a algo drástico: botar la casa por la ventana, mudarte de país, renunciar a tu vida, ja, ja, ja; pero la verdad es que tomar acción puede ser algo muy simple.

Para crear cosas nuevas, probablemente tengas que hacer algo diferente a lo que has venido haciendo; eso no significa ser impulsivo, ni mucho menos exponerte a una situación perjudicial. Significa ver más allá de tus miedos y empezar a acercarte a lo que quieres, aunque sea un centímetro cada día. Significa meditar para tener la claridad de los siguientes pasos, significa hacer una lista detallada de lo que quieres y visualizarlo, y significa decir sí a las puertas que se puedan abrir.

Si te llega una oportunidad nueva y no has trabajado tus creencias limitantes, tal vez le permitas a tu mente decirte que eso no tiene sentido, que no es posible o que es demasiado bueno para ser verdad. Incluso, puedes descartarlo, sin siquiera darte el chance de sentirlo. Cuando una idea u oportunidad llegue a ti y te emocione, así sea por una milésima de segundo, ***escúchate*** y encárgate de alinear esa emoción (el corazón) con tus pensamientos o creencias empoderadoras en las que todo es posible (la mente), y tomar la acción que amerite, ya sea sutil o drástica.

Si el corazón, la mente y la acción no están alineados entre sí, igual estarás manifestando desde lo que sientes inconscientemente. Por ejemplo, quieres renunciar a tu trabajo. No te atreves, pero ***sientes*** que quieres estar en otro lado. Puede pasar que te despidan, la empresa cierre o tu proyecto se acabe, y termines en otra parte.

Siempre estamos vibrando desde lo que sentimos. No es que a veces manifiestas y a veces no.

CADA SEGUNDO DE TU VIDA ES UNA MANIFESTACIÓN DESDE TU MUNDO INTERIOR: CADA COSA, PERSONA O SITUACIÓN ES UNA PROYECCIÓN DE TI, QUE ESTÁS ATRAYENDO CON TUS EMOCIONES.

El mundo exterior es una manera "fácil" de saber qué estás sintiendo, si te cuesta ser honesto contigo. Cada interacción o situación que experimentas está ahí para servirte.

El servicio en esta vida va más allá de ayudar a los demás. Tú, constantemente, estás al servicio de la experiencia de vida de los que te rodean para ayudarles a transitar, ver o experimentar algo que apoye su proceso de expansión y viceversa. Tu entorno está al servicio de ti para mostrarte qué tienes por dentro.

Si lo que ves en tu entorno no te gusta, mira hacia adentro, porque ciertamente es un reflejo que te está mostrando cómo te hablas a ti mismo, cómo te tratas a ti mismo, cómo te sientes en este preciso momento. Lo que pones en ti es lo que el universo pone a tu alrededor.

Otro ejemplo: "Quiero un carro nuevo". Pues empieza a ver opciones, evalúa los precios. Y si crees que es posible, encontrarás la manera de comprarlo. "Da el primer paso con fe, no es necesario que veas la escalera completa, solo da el primer paso" – Martin Luther King. Si deseas un auto nuevo, pero no te preparas, probablemente el que tienes deje de funcionar y te verás forzado a conseguir uno nuevo de igual manera.

LA MANIFESTACIÓN Y EL KARMA

Karma es una palabra en sánscrito que significa "acción" o energía trascendente que se deriva de los actos, palabras y pensamientos. También está relacionada con la ley de causa y efecto. En otras palabras, todo lo que haces tiene una consecuencia en los demás y en ti, bien sea positiva o negativa. El equivalente en la física es la ley de acción y reacción, fundamentada por Isaac Newton. Toda acción genera una reacción de igual intensidad, pero en sentido opuesto. En resumidas cuentas, por más que parezcas ser un individuo separado de todo, no lo eres; y todo lo que haces tendrá un efecto en ti y en tu entorno.

Puedes imaginar que existe una red electromagnética que te conecta desde tu corazón con otras personas, con la Tierra y con el universo. Imagina una telaraña.

Cada persona crea su propia telaraña desde su corazón, que se expande fuera de su cuerpo y se conecta con la del que tiene al lado. Existen millones de redes conectadas entre sí. ¿Qué pasa si una parte de la telaraña se mueve? Como todas están entrelazadas, si una se mueve, todas lo hacen.

Al manifestar lo que quieres, automáticamente tienes un efecto en otros. Lo que te da bienestar, inevitablemente le dará bienestar a otros. Esta red existe más allá del plano físico. Es decir, se extiende a lo largo de todos los tiempos. Lo que hagas también afecta el karma de tu familia, tus antepasados y generaciones venideras.

Quizás hayas notado que en tu familia hay un patrón que se repite de generación en generación. Hay millones de circunstancias que pueden ser parte de tu karma (historia) familiar. Cosas más obvias como adicciones, pero también puede ser una actitud ante la vida o la forma en la que se relacionan con el dinero, o con los demás. Hay ciertos aspectos que se heredan genéticamente en tu ADN. Lo que vivieron tus antepasados, sus fortalezas y sus limitaciones son parte de tu telaraña y de ti.

Si tus antepasados no manifestaron todo lo que querían, no significa que tú no puedas hacerlo. Por el contrario, el contraste que ves en tu vida debería impulsarte a hacer las cosas diferente a ellos. Si observas un patrón familiar y deseas cambiarlo, probablemente sea porque tienes la responsabilidad y puedes conseguir las herramientas para hacerlo. Cuando quieras manifestar algo diferente a lo que ves en tu familia, piensa en esto: no solo lo estás haciendo por ti, sino por tus antepasados y por los que vienen.

Estamos en una época de cambio en el nivel de consciencia. Se ha expandido y se está elevando cada vez más. Se dice que es el momento de traer el Cielo a la Tierra.

EL CIELO NO ES UN LUGAR, ES UNA FRECUENCIA EN LA QUE VIBRAS, CON LA QUE TE ALINEAS, QUE PUEDES EXPERIMENTAR AQUÍ Y AHORA.

Muchos de esta generación vinimos a la Tierra conscientemente en este preciso momento para ayudar a elevar su vibración y, juntos, traer luz al mundo. La mayoría de nosotros vinimos aquí para aligerar y liberar el karma familiar, transformar traumas y romper ciclos que nuestros antepasados no pudieron. Ellos no tenían el conocimiento, ni las herramientas para manifestar conscientemente, pero tú sí.

Conócete, trabaja en ti, ve a terapia, identifica qué quieres, hazlo realidad y vive tu vida al máximo. Al sentirte pleno no solo estás cumpliendo con tu propósito. Tus antepasados, conectados a tu telaraña energética, te agradecerán que hagas lo que ellos no pudieron. Tú serás libre y ellos también.

Escribe las metas que quieras manifestar. Recuerda: tal vez no sepas *cómo*, pero siempre identifica *qué y qué te hace sentir.*

Hoy, para mí, la respuesta es: crear cosas que aporten valor, explorar el mundo, estar en la naturaleza, inspirar y apoyar a otros para vivir la mejor vida posible, meditar, hacer videos, aprender y compartir todo lo que pueda. Y mientras hago todo esto, vivir en abundancia, con mis gastos pagados de por vida. Quiero siempre trabajar remoto y llegar a millones de personas. Eso me incentiva a moverme lo más que pueda. Quiero hacer un millón de dólares (pronto), pero no es el dinero lo que me mueve. Es el propósito y la convicción detrás de lo que hago. Quiero erradicar el miedo en los corazones de las personas, ayudarlos a conocerse y a vivir desde el amor, libres y plenos, manifestándose conscientemente. Si yo puedo hacerlo, tú también puedes.

OCHO PASOS
PARA MANIFESTAR

CAPÍTULO 10

Ahora que sabes un poco más sobre tus emociones, creencias, afirmaciones y herramientas para tener claridad, llegó la hora de manifestar en concreto, poner en práctica lo aprendido. Si eres una persona curiosa y decidiste leer este capítulo antes que todos los demás, te confieso que yo hubiera hecho lo mismo. Pero lo dejé para el final porque, si entiendes el rol de cada cosa, será mucho más poderoso el proceso y el resultado. Así que lee todo lo demás también.

La manera más fácil de conectar con el campo cuántico, para plantar una semilla, es elevar tu vibración y visualizar desde un estado meditativo en el que la mente consciente esté relajada, pero presente.

Decidí simplificarlo en ocho pasos:

1. **Identifica lo que quieres:** si esto es difícil para ti, la meditación, escribir, o estar en contacto con la naturaleza puede ser de gran ayuda. Recuerda, usa tus emociones como guía y todo estará más claro.

2. **Escríbelo:** mientras más detallado, mejor. Usa las indicaciones mencionadas en "Creencias y afirmaciones".

3. **Prepara tu espacio:** encuentra un espacio tranquilo y privado en el que puedas sentarte cómodamente a meditar de cinco a quince minutos, o más. Pon tu celular en silencio, asegúrate de que nadie te moleste. Siéntate en una posición que sea cómoda para ti, en el piso o, si prefieres, en una silla. Lo importante es tener la espalda derecha y que puedas quedarte en esa posición por un rato. De esta manera, la energía fluye mejor.

Puedes escuchar música relajante. Busca en *YouTube*: Frecuencia 528 HZ. Algunos la llaman la frecuencia del amor, y alegan que ayuda a sanar y a reparar tu ADN. Es una vibración positiva que te hará sentir bien y te ayudará a elevar tu vibración.

Si quieres, puedes juntar los dedos pulgar e índice, con las palmas mirando hacia arriba. Este es el *mudra Gyan*, un *mudra* que mejora la concentración y la relajación. Conocido como el "mudra del conocimiento", evoca la versión más expansiva del yo. [1]

4. **Relájate, cierra los ojos y respira:** un modo de relajarte es hacer un ejercicio de respiración. Este ejercicio relaja instantáneamente tu sistema nervioso central y te ayuda a mantener la mente enfocada, mientras oxigenas tu

---

1 Un mudra es una posición específica de las manos o del cuerpo que tiene efectos positivos, tanto física como mentalmente.

cuerpo. Inhala por cuatro segundos, aguanta el aire por siete segundos, exhala en ocho segundos. Puedes repetir el ciclo completo tres, cuatro, cinco veces, o las que sean necesarias, hasta que te sientas relajado.

5. **Visualiza:**

   o *Visualiza: Parte 1 - Agradece y medita.*

   Primero, agradécete por tomarte el tiempo de meditar y conectar con tu mundo interior. Agradécete por estar aquí y ahora. Es una forma rápida de elevar tu frecuencia y vibrar en una emoción positiva. A continuación, medita durante el tiempo que estés acostumbrado a hacerlo. Si nunca lo has hecho, bienvenido. Empieza poco a poco. Pruébalo durante un minuto. Después, tres minutos. Luego, cinco minutos, y así sucesivamente.

Aquí te dejo una meditación guiada que yo creé. Dura alrededor de diez o quince minutos (pero puedes usar la que quieras):

Imagina que tienes raíces saliendo de tus pies, creciendo lentamente, hasta que llegan al núcleo de la Tierra. La Tierra está feliz de conectarse contigo. Está llena de alegría por ser tu hogar. Ella te enviará energía. Puedes imaginarla con un color específico. Turquesa, por ejemplo. Imagina que esta energía sanadora se eleva desde el suelo, armonizando cada célula de tu cuerpo, alimentándote con energía turquesa, cargada de amor. Visualízala subiendo por tus pies, armonizando cada parte de ti. Luego sube a tus piernas (imagina que absorbes esta energía turquesa de la Tierra como una bolsita de té absorbe agüita tibia). Luego, sube a tus muslos, caderas (tómate el tiempo para realmente verlo), sube a tu abdomen y pecho, expandiéndolo, ayudándote a respirar más profundo. Luego, va a tu espalda, brazos y manos. Todo lo que toca, lo relaja. Estás completamente relajado; y vuelve a tus hombros, cuello (soltando y relajando), hasta que llega a tu cabeza.

Visualiza que eres ahora un ser completo, turquesa, brillante y armonizado. Quizá te sientas recargado y agradecido por estar en la Tierra. Ella te da un hogar y TODO lo que necesitas para existir.

Ahora, imagina que hay una luz infinita sobre ti. Esta es la fuente creadora del universo. Imagina que te envía una luz dorada, increíblemente hermosa. Cálida, suave, llena de sabiduría. Esto también armoniza cada célula de tu cuerpo. Visualiza cómo esta luz entra por tu cabeza y hace lo mismo que la luz turquesa, escaneando todo tu cuerpo de arriba abajo. Comienza desde la cabeza, cuello y hombros. Se está fusionando con la luz turquesa, convirtiéndose en una luz poderosa que se expande más y más. Va a los brazos, manos y de regreso al pecho, ayudándote a respirar más profundamente. Va al abdomen, caderas, muslos, piernas, pies, hasta que todo tu ser esté brillando.

Siéntete protegido, amado, a salvo. Esta energía recarga y armoniza cada parte de ti. Agradécete por estar aquí, agradécete por haber elegido el momento perfecto para venir a la Tierra.

Tu cuerpo físico deja de existir. Ahora estás conectado a esa red donde puedes crear y atraer todo lo que quieras. Recuerda que estás aquí para disfrutar y que el universo siempre te escucha.

- *Visualiza: Parte 2 - Lo que quieres manifestar.*

Ahora, imagina cada detalle de lo que escribiste. Imagina que eso que quieres está pasando en este momento. Ya lo lograste. Con los ojos cerrados, hazte estas preguntas y refuerza las emociones positivas que experimentas: ¿Qué se siente cumplir eso que tanto querías? ¿Qué se siente ser valiente? ¿Qué se siente estar pleno? ¿Qué se siente ser determinado? ¿Qué se siente estar orgulloso de ti? ¿Qué se siente estar completamente saludable? ¿Qué se siente que cada célula de tu cuerpo esté en armonía? ¿Qué se siente ser extremadamente inteligente? ¿Qué se siente tener los ojos abiertos a todas las buenas oportunidades que se presentan? ¿Qué se siente ser amable? ¿Qué se siente estar agradecido?

Disfruta estas emociones unos minutos. Quédate en silencio, con los ojos cerrados.
  o *Bonus Visualiza: Parte 3 - Imagina que le cuentas a alguien más.*

Imagina que eso que querías ya pasó y que le cuentas a otras personas. Imagina que le dices a tu mejor amigo: "¡Lo logré!". Imagina que le dices a tus colegas: "Mira lo que me pasó. Alcancé lo que quería". Y cuéntales las cosas que más te gustan de eso que conseguiste. Usa todos los detalles que puedas. Siéntete orgulloso de ti. Es tu momento de disfrutarlo.

Quédate con los ojos cerrados unos minutos. Agradece una vez más, por ser quien eres, y, una vez más, porque ya lo lograste.

6. **Tómate el tiempo de escuchar tu intuición:** quizá te vengan ideas a la cabeza, imágenes o sonidos, o puede que nada. Pero date el tiempo de asimilar lo que acabas de hacer. Date el tiempo de estar en calma contigo mismo. Si vienen ideas, recuerda que tú estás en control de tu cuerpo y tus emociones. No significa que tengas que salir corriendo a hacerlas. Ten un cuaderno al lado y anótalas.

Cuando te sientas listo, vuelve al momento presente. Y volverás a un cuerpo armonizado, saludable y poderoso; a una mente que ahora tiene indicaciones claves sobre dónde poner la atención. Tu semilla está plantada. Es hora de volver al plano físico y tomar acción. Vuelve a tu vida normal, sabiendo que TODO es posible.

7. **Toma acción (inspirada):** tu sistema ahora tiene indicaciones claras. Cuando sientas que algo te emociona, te inspira o te interesa, ve por ello. Cuando vislumbres una oportunidad, por muy pequeña que parezca, pero que te acerque a tu meta, tómala.

8. **Confía. Confía en ti, en tus decisiones y en el universo:** disfruta y agradece quien eres. Todo lo que decidas con tu corazón, siempre será apoyado por la Creación.

Luego, continúa tu día. Verás que estás lleno de esperanzas y energía para hacer lo que sea. Hay una analogía que dice: "Manifestar es como un embarazo". Tú plantas la semilla y confías en que ese bebé está en camino. Cuando una mujer sabe que está embarazada, no pregunta todos los días: "¿Ya? ¿Hoy va a nacer?". Sabe que ya tomó acción y que en nueve meses, o cuando esté listo, su bebé nacerá. Cuando visualizas y sientes, estás plantando la semilla de algo que vendrá en el momento que tenga que hacerlo. Confía en ti y en el universo porque:

- Ya estás vibrando en la frecuencia de lo que quieres, así que lo estás atrayendo.

- Estás entrenando tu inconsciente para que detecte cada oportunidad que pueda acercarte a tu meta.

- Como tu mente está en calma y has elevado tu vibración, verás muchas oportunidades y las tomarás, sin que el miedo o la mente se interpongan.

Repite estos pasos con la frecuencia que quieras, sin obsesionarte. Al meditar a diario, verás cambios en tu forma de ver el mundo y en cómo te relacionas con todo lo que te rodea.

Agradécete por haberte tomado tiempo para ti, para reconocerte. Todo está funcionando a tu favor. El universo siempre te guía y apoya.

VISION BOARD

A finales de 2023, encontré el *vision board* que había hecho antes de empezar el año. ¡Todavía no puedo creerlo! Yo lo había hecho por diversión, porque me gusta visualizar e imaginar, pero no pensé que cumpliría todo lo que había plasmado. Por ejemplo, puse una foto de Egipto, que era algo completamente ajeno a mi realidad del momento; igual que Stonehenge, dos lugares que me llamaban la atención porque ahí están algunos Chakras de la Tierra, cosa que, en ese momento, yo no sabía. Parte de lo que quería era estar en lugares místicos y en la naturaleza.

Ese mismo año, empecé a investigar más sobre la teoría de los Chakras de la Tierra, que dice que, así como los humanos tenemos puntos energéticos específicos, la Tierra también, y sentí un llamado tan fuerte que fui a varios de ellos: Chakra del corazón en Glastonbury, Chakra del tercer ojo en Stonehenge y el Chakra de la garganta en Egipto. En mi segundo libro, les contaré más detalles sobre estos viajes. El punto es que los incluí en mi *vision board*, sin realmente pensar que iría.

ES MUY PODEROSO DARSE LA OPORTUNIDAD DE IMAGINAR SIN LÍMITES. ES UNA MANERA DE AFIRMAR QUE TODO ES POSIBLE, POR MUY LEJANO QUE PAREZCA. EL PRIMER LÍMITE QUE EXISTE EN NUESTRA REALIDAD ES NUESTRA PROPIA MENTE.

Te muestro mi *vision board* de ese año. Si te llama la atención hacer uno y sientes que es una actividad que disfrutarías, no lo pienses más y arma el tuyo:

Además de ir a esos lugares, quería:

- Sentirme libre y poder usar mi cuerpo para cosas increíbles: pues en esta época es en la que he estado más en forma en mi vida y, ciertamente, hice cosas increíbles con mi cuerpo; un nuevo deporte, muchas paradas de manos y hasta retomé las acrobacias.

- Meditar en la naturaleza y con más personas. Compartir lo que había aprendido: medité en montañas y ríos hasta más no poder. Hice meditaciones en vivo por *TikTok* por un par de meses. Hice mi primer taller de meditación presencial en Caracas.

- Trabajar en la segunda edición de mi libro y llegar a muchas más personas: esa es justo la edición que tienes en tus manos en este instante.

- Hacer picos, escalar montañas: entrené y fui muchas veces para El Ávila, hice el Pico Naiguatá y el Roraima.

- Estar en el mar: fui muchas veces a la playa. Incluso, retomé el surf.

- Expandir y profundizar mi espiritualidad: sigo aprendiendo, pero, sin duda, profundicé en mi conexión espiritual; hice las pases con ser médium y cómo usarlo para ayudar a otros. Afiné mi comunicación con mis guías espirituales, espíritus y energía, en general. Sé que suena muy esotérico, pero la verdad es que no es así. Todos tenemos la habilidad de sentir y comunicarnos con el mundo espiritual. Es un tema de elección y práctica.

A mí me gusta hacer el *vision board* en digital. Siempre lo armo en Canva porque ya tiene plantillas de collages e imágenes que puedes usar. Pero también podrías hacerlo en Pinterest o hasta en físico. A muchas personas les gusta buscar imágenes en internet, imprimirlas y ponerlas en un corcho o cartulina, para tenerlo en su cuarto y verlo al despertarse. Cualquiera de los dos formatos son válidos. Lo importante es que disfrutes haciéndolo.

EPÍLOGO: TODO EL UNIVERSO ESTÁ CONSPIRANDO PARA QUE ESTÉS AQUÍ, EN ESTE INSTANTE

CAPÍTULO 11

Aquel día que medité con intención, descubrí que todos tenemos guías espirituales, unos ángeles que nos acompañan en cada cosa que hacemos, que lo único que quieren es asistirnos en lo que precisemos. Siempre que preguntemos, tendremos respuestas; y siempre que pidamos cosas, nos apoyarán y guiarán. Quizá no todo el mundo los vea, pero los van a sentir siempre que los necesiten.

Les voy a contar una última historia sobre esto y luego, más adelante, dedicaré un libro completo a mis experiencias con el mundo espiritual, guías, vivir entre dimensiones, mi propia experiencia como médium y cómo conectar con la sabiduría universal.

Antes de ir a Bali, fui a visitar a mi hermano, en Dallas. Sabía que después de eso iría a Bali, porque sentí que ese lugar me estaba llamando. No sabía cuándo, ni cómo, pero sabía que iría.

A pesar de que ya me habían pasado cosas extraordinarias, todavía me costaba creer que estaba en contacto con unos guías espirituales. La verdad, todavía sentía que tal vez era mi imaginación. Así que lo puse a prueba.

Para entrar a Bali, casi todo el mundo necesitaba visa y era todo un protocolo porque estábamos en época de COVID. Todo estaba cambiando rápidamente y las restricciones iban desapareciendo, así que no sabía si aplicar a la visa o esperar a ver si la eliminaban. Consulté con algunos abogados y me dijeron: "Aplica a la visa porque no está en el panorama que la vayan a quitar, por ahora".

Esta era una decisión muy importante para mí, y me pareció la oportunidad perfecta para pedir un poco de ayuda y poner a prueba la conexión con mis guías espirituales. Así que me puse a meditar y les pregunté dos cosas: si iría a Bali y si debía aplicar a la visa, o si debía esperar. Y me dijeron: "No apliques a la visa. Espera hasta el lunes que viene y viaja el 22". Quizás esto sea lo que algunos sientan como una corazonada, aunque muy específica, ja, ja, ja.

Esperé ese día con ansias y justamente en ESE momento anunciaron que las personas con mi nacionalidad podían viajar directamente a Bali, sin tener que aplicar la visa. Me metí a revisar los pasajes y resulta que el 22 los vuelos eran más baratos. No había manera de que yo supiera esas dos cosas. Y, sin embargo, lo supe. Así como esta historia, tengo muchas otras, con miles de sincronicidades que me encantaría contarte en mi próximo libro.

Espero que esta guía te haya ayudado a entender que todos podemos manifestar lo que deseamos y que reconocer nuestras emociones es de suma importancia. Conocerte a ti mismo es una manera de identificar tu valor y de acercarte a tu propósito de vida. Todos somos capaces de esto, todos tenemos algo único que aportar al mundo, y solo podemos hacerlo siendo nosotros mismos y siendo fieles a lo que nos emociona, lo que nos mueve y nos inspira.

Agradece tu vida tal y como la creaste. No hay nada mejor que deberías estar haciendo. No hay otro lugar donde deberías estar. Ya tienes todo lo que necesitas para ser feliz o para cambiar tu vida, si ese es el caso. Intenta estar presente en cada momento e identifica cómo te sientes, porque desde el presente es donde realmente se puede crear.

NO PUEDES HACER NADA MAL Y NUNCA LO HACES, PORQUE SIEMPRE ESTÁS APRENDIENDO.

La vida me "obligó" a hacer este trabajo interno de reconectar conmigo. Hoy lo agradezco con cada célula de mi cuerpo. Pero no tiene que ser así para ti. No esperes a que la vida te ponga en una situación difícil para conocerte y escucharte. Entre más rápido comiences ese viaje al corazón, más rápido evolucionarás hacia la honestidad contigo mismo y, así, manifestarás lo que quieras.

Ahora que sabes todo esto, piensa en todas las cosas que ya has manifestado en tu vida. Recuerda que estás atrayendo y creando lo que sientes. Confía en ti y dime: **¿qué vas a manifestar hoy?**

REFERENCIAS Y BIBLIOGRAFÍA

(n.d.). Bashar.org. Retrieved March 27, 2024, from https://www.bashar.org/

Buddha's Brain: Neuroplasticity and Meditation - PMC. (n.d.). NCBI. Retrieved March 27, 2024, from https://www.ncbi.nlm.nih.gov/pmc/articles/PMC2944261/

Cannon, D. (2022). *Entre la muerte y la vida.* Ediciones Obelisco.

Dispenza, J. (2018). *Sobrenatural : gente corriente haciendo cosas extraordinarias.* Urano.

El corazón tiene cerebro. (n.d.). Últimas noticias, actualidad y última hora en Catalunya, España y el mundo. https://www.lavanguardia.com/

Gallardo, S. (n.d.). *Detectan vibraciones en moléculas individuales.* Facultad de Ciencias Exactas y Naturales de la Universidad de Buenos Aires | Sitio web de la Facultad de Ciencias Exactas y Naturales de la Universidad de Buenos Aires. Retrieved March 27, 2024, from https://exactas.uba.ar/

Germain, S. (2015). *Discursos Del Yo Soy* (M. Rubin, Ed.). CreateSpace Independent Publishing Platform.

Hawkins, D. R. (2004). *El Poder Contra la Fuerza.* Hay House, Incorporated.

Hawkins, D. R. (2023). *La Explicación del Mapa de la Conciencia.* Editorial El Grano de Mostaza.

Hicks, E., & Hicks, J. (2009). *Ask and It Is Given: Learning to Manifest Your Desires*. ReadHowYouWant.com, Limited.

Hicks, E., & Hicks, J. (2014). *El increíble poder de las emociones : atrévete a dejarte guiar por los sentimientos* (A. Sánchez Millet, Trans.). Books4pocket.

Hicks, E., & Hicks, J. (2021). *La ley de la atracción* (A. Sánchez Millet, Trans.). Books4pocket.

Hill, N. (2009). *Piense y Hágase Rico*. Penguin Random House Grupo Editorial.

(n.d.). Home - The SAP (Society of Analytical Psychology). Retrieved March 27, 2024, from https://www.thesap.org.uk

King, G. R. (1982). *Unveiled mysteries*. Saint Germain Press.

Korb, A. (2019). *Neurociencia para vencer la depresión: La espiral ascendente*. Editorial Sirio.

Learn How To Become a Meditation Teacher — Leah Santa Cruz. (n.d.). Leah Santa Cruz. Retrieved March 27, 2024, from https://www.leahsantacruz.com/mtt

Marciniak, B. (2003). *Mensajeros del alba* (V. D'Ornellas, Trans.). Ediciones Obelisco.

Marquier, A. (2016). *El poder de elegir*. Luciérnaga.

Marquier, A. (2017). *La libertad de ser*. Luciérnaga.

Marquier, A. (2018). *El maestro del corazón*. Luciérnaga.

Newton, M. (2002). *Journey Of Souls*. Llewellyn.

Newton, M. (2015). *El viaje de las almas : estudios de casos de la vida entre vidas* (A. A. García, Trans.). Arkano Books.

Roche, L. (1998). *Meditation Made Easy.* HarperCollins.

Ruiz, M. (2005). *Los Cuatro Acuerdos: Una Guia Practica para la Libertad Personal.* Amber-Allen Publishing, Incorporated.

Silva, J., & Miele, P. (2020). *El método Silva de control mental* (E. E. Guzman, Trans.). B de Bolsillo.

Singer, M. A. (2010). *Alma en libertad: El viaje más allá de ti mismo.* Gaia Ediciones.

Tolle, E. (2009). *El silencio habla* (M. Iribarren Berrade, Trans.). Gaia Ediciones.

Tolle, E. (2009). *The Power of Now: A Guide to Spiritual Enlightenment.* Hachette Australia.

Yo Soy la Magica Presencia. (1994). Apostrofe, Ediciones, S.L.

MANIFIESTA 24/7

FECHA: __ / __ / __

NOTAS

Te invito a usar este espacio para tus anotaciones.

FECHA: __ / __ / __

MANIFIESTA 24/7

FECHA: __ / __ / __

FECHA: __/__/__

MANIFIESTA 24/7

FECHA: __/__/__

FECHA: __/__/__

MANIFIESTA 24/7

FECHA: __ / __ / __

FECHA: __ / __ / ___

MANIFIESTA 24/7

FECHA: __/__/__

FECHA: __ / __ / __

MANIFIESTA 24/7

FECHA: __/__/__

Este libro, que se manifestó por meses,
se terminó de crear y diseñar en mayo de 2024,
para tu evolución y expansión de consciencia.

www.ingramcontent.com/pod-product-compliance
Lightning Source LLC
Chambersburg PA
CBHW021156160426
43194CB00007B/771